Über die Autorin:

Louise Hay, 1926 in Los Angeles geboren, ist eine der bedeutendsten spirituellen Lehrerinnen der Gegenwart. Als bei ihr 1976 Krebs diagnostiziert wurde, heilte sie sich selbst durch das Auflösen negativer Gedankenmuster. Diese Erfahrung war die Basis für ihre Arbeit mit Schwerstkranken und ihre Bücher. Sie wurden in mehr als 20 Sprachen übersetzt und sind weltweit mit einer Gesamtauflage von über 40 Millionen erschienen.

Louise L. Hay

Herzensweisheiten

Zusammengestellt und herausgegeben
von Linda Carwin Tomchin

Aus dem Amerikanischen
von Frances Maffey

Die amerikanische Originalausgabe erschien unter dem Titel »Heart Thoughts –
A Treasure of Inner Wisdom« bei Hay House Inc., Santa Monica, CA USA

Die Autorin dieses Buches gibt hier keine medizinischen Empfehlungen und
verordnet auch nicht – weder direkt noch indirekt – den Einsatz irgendeiner
Methode im Sinne einer Behandlungsart für physische und psychische Probleme, die ohne den Rat eines Arztes anzuwenden wäre. Absicht der Autorin ist
ausschließlich, Informationen allgemeiner Art anzubieten, um Dir bei Deinem
Streben nach guter Gesundheit zu helfen. Falls Du Informationen aus diesem
Buch für Dich anwenden möchtest, behandelst Du Dich selbst, was Dein freies
Recht ist. Autorin und Verleger dieses Buches übernehmen in diesem Falle
jedoch keinerlei Verantwortung für Dein Tun.

Besuchen Sie uns im Internet:
www.droemer-knaur.de

Vollständige Taschenbuchausgabe Juli 2000
Droemersche Verlagsanstalt Th. Knaur Nachf., München
Copyright © 1990 Louise L. Hay
Copyright © 1991 der deutschsprachigen Ausgabe
Verlag Alf Lüchow, Freiburg i. Br.
Alle Rechte vorbehalten. Das Werk darf – auch teilweise –
nur mit Genehmigung des Verlages wiedergegeben werden.
Umschlaggestaltung: Agentur Zero, München
Umschlagfoto: H + Z Bildagentur, Hannover
Satz und Herstellung: Barbara Rabus, Sonthofen
Druck und Bindung: Ebner Ulm
Printed in Germany
ISBN 3-426-87006-1

2 4 5 3 1

Unserem Herzen gewidmet

Unsere Herzen sind das Zentrum unserer Kraft. Ich habe gelernt, daß wir leicht und mühelos kreativ sind, wenn wir zulassen, daß unsere Gedanken aus dem liebenden Raum des Herzens kommen. Nimm Deine Kraft jetzt in Anspruch.

Inhalt

Einführung 8

Affirmationen 11 · Die anderen 17 · Angst 19 · Arbeit 21 · Arbeitsumgebung 23 · Arbeitsverhältnis 25 · Ausdehnung und Zusammenziehung 27 · Ausdruck 29

Bedingungslose Liebe 33 · Begrenzungen 35 · Beobachte Dich selbst 37 · Berufsleben 39 · Bewußtsein 45 · Beziehungen 47

Einheit 49 · Einkommen 51 · Einssein 53 · Einzigartigkeit 55 · Eltern 57 · Emotionen 59 · Energie 61 · Entspannung 63 · Erdbeben/Naturkatastrophen 65 · Erwachsen werden 67 · Ewiges Leben 69

Familie 71 · Fehler 73 · Festhalten 75 · Freiheit 77 · Frieden 79 · Fülle 81

Gedanken 83 · Geist 85 · Genug sein 87 · Gesundheit 89 · Gewinnen 93 · Göttliches, richtiges Handeln 95 · Göttliche, richtige Ordnung 97 · Groll 101

Harmonie 103 · Harmonie am Arbeitsplatz 105 · Heilen 107 · Heilende Atmosphäre 109 · Heilende Beziehungen 111 · Heilende Energie 113 · Heilende Hände 115

Inneres Kind 117

Jenseits von Begrenzungen 121

Kinder 123 · Kindheit 125 · Kritik 127

Lernen 131 · Liebe 133 · Liebende Welt 137 · Lob 139 ·
Lösungen 141 · Loslassen 143

Die Macht Deines Wortes 147 · Mutter 149

Negative Gedanken 151 · Neujahrsresolutionen 153 ·
Öffnung zum Neuen 155

Schlaf 159 · Schuldgefühle 161 · Selbstgerechter
Groll 163 · Sich annehmen 165 · Sollen 169 · Spaß 171

Trauer 173

Übergewicht 177 · Überzeugungen 181 · Umprogrammieren von Negativität 183 · Unbewußter Geist 185 ·
Unendliche Macht 187 · Unfälle 189 · Die Ursache
loslassen 191

Vater 193 · Verändere Deine Gedanken 195 ·
Veränderung 197 · Verantwortung/Schuld 205 · Die Vergangenheit loslassen 207 · Vergebung 209 · Verloren 211 ·
Vertrauen 213 · Vollendung 215

Die Wahl/Das Muß 217 · Weihnachten 219 ·
Weisheit 221 · Weltgemeinschaft 223 · Wohlstand 225 ·
Würdig sein 227 · Wut 231

Zeit 235 · Zuhause 237 · Zusammenarbeit 239

Einführung

Dieses Buch ist eine Zusammenstellung von Meditationen, spirituellen Heilweisen und Ausschnitten aus meinen Vorträgen. Sie richten ihr Augenmerk auf Aspekte unserer alltäglichen Erfahrungen und sind dafür gedacht, uns in bestimmten Bereichen, in denen wir Schwierigkeiten haben, zu führen und zu unterstützen.

Wenn wir uns als Opfer fühlen, neigen wir dazu, uns zu isolieren. Wir verspüren Schmerz und Angst, und wir halten immer nach jemand anderem Ausschau, der uns erretten oder es für uns erledigen soll. Wir haben jetzt die Gelegenheit, unsere Fähigkeit zu entdecken, auf das Leben nicht als Opfer zu reagieren, sondern in einer Art und Weise, die uns mit unserer Kraft verbindet. Wenn wir anfangen, uns mit dem zu verbinden, was ich das *Innere Selbst* nenne, können wir dazu beitragen, die Qualität unseres Lebens entscheidend zu verbessern. Es ist ein wunderbares Gefühl zu wissen, daß wir nicht abhängig sein müssen von jemand anderem, sondern daß wir in uns eine ungeheure Kapazität besitzen, positive Veränderungen in unserem Leben herbeizuführen. Es ist ein äußerst befreiendes Gefühl.

Manche Menschen mögen ängstlich auf diese neue Befreiung reagieren, denn es sieht aus wie *Verantwortlichkeit*. Aber Verantwortlichkeit bedeutet lediglich, daß wir fähig sind, auf das Leben zu antworten. Wir wechseln gerade in ein neues Zeitalter und eine neue Weltordnung über.

Es ist für uns an der Zeit, von alten Glaubensmustern und alten Gewohnheiten loszulassen. Während wir neue Glaubensmuster und neue Verhaltensmethoden erlernen und ausüben, tragen wir auf harmonische Weise zu der neuen Weltordnung bei.

Sei geduldig mit Dir. Es ist möglich, daß Du vom Augenblick der Entscheidung, eine Veränderung vorzunehmen, bis zu dem Moment, in dem Du sie unter Beweis stellst, zwischen dem Alten und dem Neuen hin- und herschwankst. Werde nicht wütend auf Dich. Du willst Dich ja aufbauen, nicht heruntermachen! Vielleicht hast Du Lust, in den Zeiten, wo Du »zwischen« dem Alten und Neuen stehst, auf dieses Buch zurückzugreifen. Vielleicht möchtest Du die Meditationen und spirituellen Heilweisen täglich benutzen, um Dein Vertrauen in Deine Fähigkeit aufzubauen, Veränderungen herbeizuführen.

Dies ist eine Zeit des Erwachens. Lebe in dem Bewußtsein, daß Du immer in Sicherheit bist. Es mag vielleicht am Anfang nicht so aussehen, aber Du wirst lernen, daß das Leben immer für Dich da ist. Erfahre, daß es möglich ist, sicher und in Frieden von der alten Weltordnung in die neue Ordnung überzuwechseln.

Ich liebe Euch,

Louise L. Hay

*In dem Augenblick,
in dem Du
Affirmationen machst,
legst Du
die Opferrolle ab.
Du bist
nicht länger
hilflos.
Du erkennst
Deine eigene Kraft an.*

*Ich befinde mich auf der Schwelle
zu meiner Heilung*

Eine Affirmation ist ein Anfangspunkt. Sie macht den Weg frei. Du sagst zu Deinem Unbewußten: *»Ich übernehme Verantwortung. Ich bin mir bewußt, daß ich etwas tun kann, um mich zu ändern.«* Wenn Du eine Affirmation machst, wirst Du entweder zum Loslassen bereit sein, was immer es auch sein mag, und die Affirmation wird Wirklichkeit; oder sie wird Dir einen ganz neuen Weg eröffnen. Du magst einen brillanten Geistesblitz haben, oder ein Freund ruft Dich an und sagt: *»Hast Du das schon probiert?«* Und Du wirst zu dem nächsten Schritt geführt, der Dir bei Deiner Heilung helfen wird.

*Affirmationen
geben
Deinem Unbewußten
etwas,
mit dem es
im Augenblick
arbeiten kann.*

Ich bin offen und aufnahmebereit

Wenn wir Affirmationen machen, um in unserem Leben Gutes zu erschaffen, und ein Teil von uns glaubt nicht, daß wir dessen würdig sind, werden wir diese Affirmationen nicht verwirklichen. Wir werden an den Punkt kommen, wo wir sagen: *»Affirmationen funktionieren nicht.«* Es hat jedoch nichts mit den Affirmationen zu tun, sondern mit der Tatsache, daß wir nicht glauben, daß wir es verdienen.

*Wir müssen
uns bewußt werden,
was es genau ist,
was wir glauben.*

AFFIRMATIONEN

*Die Antworten in mir
werden mir mühelos bewußt*

Solltest Du Deine Affirmationen vor einem Spiegel machen, dann hab immer Block und Bleistift bereit, um die dabei hochkommenden negativen Botschaften niederzuschreiben. Du mußt Dich nicht zu diesem Zeitpunkt mit der darin enthaltenen Information befassen. Falls Du eine Liste von negativen Reaktionen hast, kannst Du Dich damit später auseinandersetzen. Du beginnst zu verstehen, warum Du nicht das hast, was Du behauptest, haben zu wollen. Wenn Du Dir Deiner negativen Botschaften nicht bewußt bist, ist es sehr schwierig, sie zu verändern.

*Lauf nicht herum
und versuche
alle Deine Freunde
zu heilen.
Mache Deine eigene
mentale Arbeit
und heile Dich selbst.
Das wird denen
um Dich herum
mehr zugute kommen
als alles andere.*

Ich gestatte den anderen, sie selbst zu sein

Wir können die anderen nicht zwingen, sich zu verändern. Wir können ihnen eine positive mentale Atmosphäre bieten, innerhalb derer sie die Möglichkeit zur Veränderung haben, falls sie dies wollen. Aber wir können es nicht für andere tun oder sie dazu zwingen. Jeder Mensch ist hier, um seine oder ihre Lektionen zu lernen. Wenn wir die Dinge für sie regeln, dann werden sie sie einfach wiederholen, weil sie das, was sie für sich selbst tun müßten, nicht erarbeitet haben. Das einzige, was wir tun können, ist, sie zu lieben. Gestatte ihnen, sie selbst zu sein. Wisse, daß die Wahrheit immer in ihnen selbst ist, und daß sie sich in jedem Augenblick verändern können, wenn sie wollen.

*Manchmal,
wenn alles in unserem Leben
richtig schön ist,
haben wir Angst,
daß etwas Schlimmes
geschehen könnte,
um alles wieder
hinfällig zu machen.
Ich nenne das unbestimmte Angst.
Angst ist fehlendes
Vertrauen in sich selbst.
Erkenne sie einfach als
einen Teil von uns an.
Dieser Teil in uns ist es gewohnt,
sich über irgend etwas aufzuregen.
Danke ihm für seine Mitteilung,
und laß dann davon los.*

Ich bin immer total geschützt

Wenn ein angstvoller Gedanke aufsteigt, solltest Du Dich daran erinnern, daß er versucht, Dich zu beschützen. Ist das nicht genau die Aufgabe der Angst? Wenn Du Dich fürchtest, steigt Dein Adrenalinspiegel, um Dich vor Gefahr zu schützen. Sag der Angst: *»Ich bin Dir dankbar, daß Du mir helfen willst.«* Und mache dann eine Affirmation bezüglich jener bestimmten Angst. Erkenne die Angst an und danke ihr, aber schenke ihr keine zu starke Bedeutung.

*Aufschieben
ist eine weitere Form
von Widerstand.*

Ich arbeite in einem Beruf, den ich wirklich genieße

Was hältst Du von Deiner Arbeit? Hältst Du sie für eine Plackerei, die Du tun mußt, oder siehst Du sie als etwas an, das Du wirklich gerne tust und genießt? Fange an zu bekräftigen, daß das, was Du tust, für Dich sehr erfüllend ist. Du findest Vergnügen an Deiner Arbeit. Du verbindest Dich mit der Kreativität des Universums und läßt zu, daß sie auf erfüllende Weise durch Dich fließt. Bekräftige dies jedesmal, wenn negative Gedanken in bezug auf Deine Arbeit hochkommen.

*Alles
in unserem Leben
ist Spiegel von uns selbst.
Wenn dort draußen
etwas geschieht,
was nicht bequem ist,
müssen wir
nach innen schauen
und sagen:
»Wie habe ich das erschaffen?
Was ist es in mir,
das glaubt,
daß ich
diese Erfahrung verdiene?«*

Ich habe eine perfekte Umgebung

Ich sehe mich mit Dankbarkeit erfüllt durch diesen Betrieb laufen. Ich sehe die Perfektion von Raum und Ausstattung für Versand und Transport, die perfekt eingerichteten Büros, einen Raum, der gerade die richtige Größe für Versammlungen hat. Die gesamte notwendige Ausstattung ist an ihrem Platz, und das Personal ist eine Gruppe von harmonischen Menschen, die sich voll einsetzen. Die Büros sind schön, ordentlich und ruhig. Ich freue mich über die Arbeit, die getan wird, um die Seelenentwicklung und die Heilung und Harmonisierung unserer Welt zu unterstützen. Ich sehe offene, empfängliche Seelen, die von den Aktivitäten, die diese Einrichtung fördert, angezogen werden. Ich bin dankbar für die ewig-fließende, reichliche Versorgung dieser Einrichtung, die ihre Mission unterstützt. Und so ist es.

*Es gibt Menschen,
die genau das suchen,
was Du zu bieten hast,
und Ihr werdet
auf dem Schachbrett des Lebens
zusammengebracht.*

Ich freue mich über meine Arbeit

Es ist meine Aufgabe, Gott zum Ausdruck zu verhelfen. Ich freue mich über diese Arbeit. Ich bedanke mich für jede Gelegenheit, demonstrieren zu können, daß die Kraft der Göttlichen Intelligenz durch mich wirkt. Jedesmal, wenn sich mir eine neue Herausforderung stellt, weiß ich, daß diese Gelegenheit von Gott, meinem Arbeitgeber, gesandt ist. Ich beruhige meinen Intellekt, gehe nach innen und warte, daß von dorther Antworten bezüglich der Bearbeitung meinen Geist füllen. Ich nehme diese gesegneten Enthüllungen mit Freude an und weiß, daß ich meine gerechte Belohnung für gute Arbeitsleistung verdiene. Als Tausch für diese anregende Arbeit werde ich reichlich entlohnt. Meine Kollegen – die ganze Menschheit – sind hilfreich, liebevoll, fröhlich, enthusiastisch und leistungsfähige Arbeiter auf dem Gebiet der spirituellen Entfaltung, ob sie sich dessen bewußt sein wollen oder nicht. Ich sehe sie als vollkommene Ausdrucksformen des Einen Geistes, die sich sorgfältig ihrer Arbeit widmen. Indem ich für diesen zwar unsichtbaren, aber trotzdem ewig anwesenden Obersten Betriebsführer, dem Höchsten Aufsichtsratsvorsitzenden, arbeite, weiß ich, daß meine kreative Tätigkeit finanziellen Reichtum anzieht. Gott in seiner Arbeit zum Ausdruck zu bringen wird immer belohnt. Und so ist es.

*All die Antworten
auf all die Fragen,
die Du je stellen wirst,
findest Du in Dir selbst.
Jedesmal,
wenn Du sagst:
»Ich weiß nicht«,
schließt Du die Tür
zu Deiner eigenen
Weisheit.*

AUSDEHNUNG UND ZUSAMMENZIEHUNG

Ich atme in Liebe und fließe mit dem Leben

Dehnst Du Dich aus oder ziehst Du Dich zusammen? Wenn Du Deine Denkweise und Deine Glaubenssysteme und alles, was mit Dir sonst zu tun hat, erweiterst, kann die Liebe frei fließen. Wenn Du Dich zusammenziehst, errichtest Du Mauern und sonderst Dich ab. Wenn Du Dich fürchtest oder Dich bedroht fühlst oder das Gefühl hast, etwas ist nicht in Ordnung, solltest Du anfangen zu atmen. Das Atmen öffnet Dich. Es richtet Deine Wirbelsäule auf. Es öffnet Deinen Brustkorb. Es gibt Deinem Herzen Raum, sich zu weiten. Indem Du das Atmen übst, läßt Du die Schranken fallen und fängst an, Dich zu öffnen. Dies ist ein Anfangspunkt. Anstatt in totale Panik zu fallen, solltest Du einige Atemzüge machen und Dich fragen: *»Will ich mich zusammenziehen oder will ich mich ausdehnen?«*

*Dies ist ein neuer Tag.
Beginne von neuem,
alles Gute
für Dich selbst
zu fordern
und zu erschaffen.*

AUSDRUCK

Ich drücke mein wahres Wesen aus

Ich sehe mich als jemand, der ein Bewußtsein von der Einheit mit der Gegenwart und Macht Gottes hat. Ich sehe, wie ich mir ständig der Macht Gottes in mir als der Quelle von allem, was ich begehre, bewußt bin. Ich sehe mich, wie ich mich vertrauensvoll an diese Göttliche Gegenwart wende, um mir jedes Bedürfnis zu erfüllen. Ich liebe alle Ausdrucksformen Gottes bedingungslos, da ich die Wahrheit all dessen, was ist, kenne. Ich gehe durch das Leben in glücklicher Begleitung meines Höheren Selbst und drücke die Güte, die ich bin, freudig aus. Meine Weisheit und mein Verständnis vom Geist nimmt zu, und ich bin jeden Tag mehr Ausdruck der inneren Schönheit und Stärke meines wahren Wesens. In meinem Erleben ist die Göttliche Ordnung ewig anwesend, und ich habe genügend Zeit für alles, was ich tun möchte. Ich drücke Weisheit, Verständnis und Liebe in all meinen Beziehungen zu anderen aus, und meine Worte sind vom Göttlichen geführt. Ich stelle mir vor, wie mein Bewußtsein von spirituellem Reichtum sich als Überfluß ausdrückt – Überfluß, der für das Gute in meiner Welt zu verwenden ist. Ich stelle mir vor, daß ich die kreative Energie des Göttlichen Geistes in meiner Arbeit ausdrücke. Ich schreibe und spreche mühelos Worte der Wahrheit mit tiefem Verständnis und Weisheit. Spaß und erhebende Gedanken fließen als freudiger Ausdruck durch mein Bewußtsein. Ich verfolge die erhaltenen Ideen und bringe sie zur vollen Manifestation. Und so ist es.

*Es ist
Dein Geburtsrecht,
Dich
auf erfüllende Art und Weise
auszudrücken.*

*Ich bringe frei zum Ausdruck,
wer ich bin*

Ich bin tatsächlich gesegnet. Es gibt wunderbare Möglichkeiten, um ich selbst zu sein, mich als der- oder diejenige, die ich wirklich bin, auszudrücken. Ich bin die Schönheit und Freude des Universums, die sich ausdrückt und empfängt. Ich umgebe mich mit Göttlicher Aufrichtigkeit und Gerechtigkeit. Ich weiß, daß die Göttlich richtigen Dinge geschehen, und was immer dabei herauskommt, es für mich und alle Beteiligten richtig ist. Ich bin eins mit der Kraft, die mich erschaffen hat. Ich bin wunderbar. Ich erfreue mich der Wahrheit meines Seins. Ich nehme es als solches an und lasse es so sein. Ich sage, so sei es und weiß, daß alles in meiner wunderbaren Welt hier und jetzt in Ordnung ist. Und so ist es.

*Du bist
gerade dabei,
Dein eigener bester Freund
zu werden:
die Person,
mit der Du
am liebsten
zusammen bist.*

Ich liebe und akzeptiere mich jetzt, in diesem Moment

Viele von Euch werden sich nicht lieben, bis sie abgenommen haben, eine neue Stellung bekommen haben oder einen/eine Liebhaber/in, oder dieses oder jenes. Somit verschiebst Du immer das Sich-selbst-lieben. Was passiert, wenn Du die neue Stellung bekommst oder den/die Liebhaber/in oder abnimmst und Du Dich noch immer nicht liebst? Dann machst Du einfach eine weitere Liste, und so hast Du wieder Aufschubzeit. Der einzige Zeitpunkt, zu dem Du anfangen kannst, Dich so, wie Du bist, zu lieben, ist hier und jetzt. Bedingungslose Liebe ist Liebe ohne Erwartungen. Sie ist die Annahme dessen, was ist.

*Wenn Du ein sehr
negativer Mensch gewesen bist,
der sich selbst
und alle anderen kritisiert
und das Leben durch eine
sehr negative Brille sieht,
wird es etwas Zeit dauern,
bis Du eine Kehrtwendung machst
und Du liebevoll wirst.
Du mußt mit Dir selbst
Geduld haben.
Ärgere Dich nicht über Dich,
weil Du es nicht
schnell genug schaffst.*

Ich erkläre, daß mein Leben reich und erfüllt ist

Ich entscheide mich jetzt, von meinen begrenzenden Glaubensmustern loszulassen, die mir die Vorteile, die ich mir so sehr wünsche, verweigert haben. Ich erkläre, daß jedes negative Gedankenmuster in meinem Bewußtsein jetzt herausgeworfen, ausgelöscht und losgelassen wird. Mein Bewußtsein wird jetzt aufgefüllt mit frohen, positiven, liebevollen Gedankenmustern, die für meine Gesundheit, für Wohlstand und für liebevolle Beziehungen zuträglich sind. Ich lasse jetzt alle die negativen Gedankenmuster los, die die Angst vor Verlust, Angst vor der Dunkelheit, Angst, verletzt zu werden, Angst vor Armut, Schmerz, Einsamkeit und Selbstmißhandlung jeder Art, das Gefühl, nicht gut genug zu sein, Belastungen oder Verluste und allen anderen Unsinn, der sich noch in irgendeiner dunklen Ecke meines Bewußtseins aufhält, mit haben entstehen lassen. Ich bin jetzt frei, zuzulassen und zu akzeptieren, daß sich das Gute in meinem Leben manifestiert. Ich beanspruche für mich den Reichtum und die Fülle des Lebens in all ihrem verschwenderischen Überfluß; reich fließende Liebe, überquellender Wohlstand, kräftige und strahlende Gesundheit, sich immer wieder erneuernde Kreativität und alles umfassenden Frieden. Ich verdiene all dieses und bin nun bereit, dies auf Dauer anzunehmen und zu besitzen. Ich bin ein Mitschöpfer der Einen Unendlichen Gesamtheit des Lebens, und aus diesem Grund liegt die Gesamtheit der Möglichkeiten vor mir, und ich bin glücklich, daß dies so ist. Und so ist es!

*Beobachte,
was in Deinem Leben geschieht,
und sei Dir bewußt,
daß Du nicht
Deine Erfahrungen bist.*

Ich bemerke, was in mir geschieht

Was mußt Du tun, um in den Bewußtseinszustand zu kommen, in dem Du der glücklichste und mächtigste Mensch Deiner Welt sein könntest? Wenn Du viel an Dir gearbeitet hast und die Prinzipien verstehst, daß das, was Du denkst und sagst, zu Dir zurückkommt, dann solltest Du Dich beobachten. Beobachte Dich, ohne zu urteilen und zu kritisieren. Das scheint wohl die größte Hürde zu sein, die Du zu nehmen hast. Schau Dich einfach ganz objektiv an – alles, was Dich betrifft. Stelle einfach fest ohne Kommentar. Beobachte einfach. Während Du Dir den Raum gibst, nach innen zu gehen, und anfängst zu bemerken, was los ist – wie Du Dich fühlst, wie Du reagierst, was Du glaubst –, lebst Du aus einem Bewußtseinszustand heraus, in dem Du viel offener bist.

*Wenn du
an einem Platz arbeitest,
wo es Liebe,
Freude und Lachen gibt
und Du geschätzt wirst,
wirst Du wirklich
gute Arbeit leisten
und mit doppelt soviel
Einsatz arbeiten.
Du wirst feststellen,
daß Du mehr Begabungen
und Fähigkeiten hast,
als Du Dir je zugetraut
hättest.*

BERUFSLEBEN

Unser Beruf ist ein Göttlicher Gedanke

Unser Beruf ist ein Göttlicher Gedanke des Einen Geistes, aus Liebe heraus erschaffen und von Liebe getragen und aufrechterhalten. Jede(r) Angestellte(r) wird von dem Wirken der Liebe angezogen, denn das ist ihr und sein Göttlicher, richtiger Platz an diesem Punkt in Zeit und Raum. Göttliche Harmonie durchdringt uns alle, und wir fließen zusammen auf eine äußerst produktive und freudige Art und Weise. Es ist das Wirken der Liebe, das uns an diesen bestimmten Platz gebracht hat. Göttliches, richtiges Handeln bringt jeden Aspekt unseres Unternehmens in Gang. Göttliche Intelligenz bringt unsere Produkte und Dienstleistungen hervor. Göttliche Liebe bringt diejenigen zu uns, denen durch das, was wir so liebevoll tun, geholfen werden kann. Wir lassen los von allen alten Mustern des Klagens und Verurteilens, denn wir wissen, daß es unser Bewußtsein ist, das unsere Umstände in der Berufswelt schafft. Wir wissen und erklären hiermit, daß es möglich ist, unsere Tätigkeit mit Erfolg und in Übereinstimmung mit den Göttlichen Prinzipien auszuführen, und wir benützen unsere geistige Tätigkeit auf liebevolle Art und Weise, um unser Leben voller zu leben und zu erfahren. Wir lehnen es ab, uns auf irgendeine Weise durch das Denken des menschlichen Geistes begrenzen zu lassen. Der Göttliche Geist ist unser Geschäftsberater und hält Pläne für uns bereit, von denen wir noch nicht einmal geträumt haben. Unser Leben ist voller Liebe und Freude, da unser Beruf ein Göttlicher Gedanke ist. Und so ist es.

*Freue Dich
über den Erfolg
anderer Menschen,
denn es gibt genug
für alle.*

Unser Geschäft gedeiht

Wir sind eins mit dem Universellen Geist, und darum steht uns alle Weisheit und alles Wissen hier und jetzt zur Verfügung. Wir haben Göttliche Führung, und unser Geschäft blüht, expandiert und wächst. Wir entscheiden uns jetzt, jegliche negativen Gedanken, die mit der Begrenzung des Geldflusses verbunden sind, loszulassen. Wir öffnen unser Bewußtsein für einen Quantensprung bezüglich unseres Wohlstands, indem wir uns vorstellen und akzeptieren, daß große Geldsummen unser Bankkonto überschwemmen. Wir haben reichlich zu unserer Verfügung, können erübrigen und teilen. Das Gesetz des Wohlstands läßt den Geldfluß in Hülle und Fülle fließen. Es bezahlt unsere Rechnungen und bringt uns alles, was wir brauchen, und sogar mehr. Innerhalb dieser Organisation gedeiht jeder von uns. Wir entscheiden uns jetzt, lebende Beispiele des Wohlstandsbewußtseins zu sein. Wir leben und arbeiten mit Leichtigkeit, ohne Mühe und in Schönheit. Wir haben inneren Frieden und Schutz. Wir schauen mit Freude und Dankbarkeit zu, wie dieses Geschäft ständig weiterwächst und weit über unsere Erwartungen hinaus gedeiht. Wir segnen dieses Geschäft mit Liebe. Und so ist es.

*Es werden
viele Produkte
auf der Basis verkauft,
daß Du nicht gut genug
oder nicht akzeptabel bist,
wenn Du dieses Produkt
nicht besitzt.
Botschaften der Begrenzung
kommen aus vielen Richtungen.
Es ist nicht wichtig,
was andere Leute sagen.
Es ist ausschließlich wichtig,
wie wir reagieren und
was wir über uns selbst
glauben möchten.*

Dieses Unternehmen ist Gottes Unternehmen

Wir sind Partner der Göttlichen Intelligenz. Wir sind nicht an den negativen Aspekten der äußeren Geschäftswelt interessiert, denn sie haben nichts mit uns zu tun. Wir erwarten positive Ergebnisse, und wir erhalten positive Ergebnisse. Wir ziehen nur solche Menschen in der Geschäftswelt an, die auf der höchsten Ebene der Integrität arbeiten. Alles, was wir tun, wird auf die positivste Weise getan. Wir sind fortwährend erfolgreich bei jedem Projekt, das wir angehen. Alle Leute, mit denen wir auf irgendeine Art Geschäfte machen, sind auch gesegnet und erfolgreich und sind hoch erfreut, mit uns in Verbindung zu stehen. Wir sind ständig für die Gelegenheiten dankbar, die sich uns bieten, um diesem Planeten und jedem Menschen zu helfen. Wir gehen nach innen und verbinden uns mit unserer höheren Intelligenz, und wir werden immer so geführt und gelenkt, daß dies zum höchsten Nutzen aller Beteiligten geschieht. Unsere gesamte Ausstattung funktioniert einwandfrei. Wir sind alle gesund und glücklich. Alles ist in Harmonie und fließt nach der Göttlichen, richtigen Ordnung. Alles ist in Ordnung. Wir wissen, daß dies für uns die Wahrheit ist. Und so ist es.

*Sei Dir dessen bewußt,
daß Du
reines Bewußtsein bist.
Du bist
weder allein
noch verloren
oder verlassen.
Du bist eins
mit dem gesamten Leben.*

Du bist reiner Geist

Blicke hinein in Dein Zentrum und sieh den Teil vor Dir, der reiner Geist ist. Reines Licht. Reine Energie. Visualisiere, daß alle Deine Begrenzungen, eine nach der anderen, von Dir abfallen, bis Du Dich sicher fühlst, heil und ganz bist. Sei Dir bewußt, daß, ganz egal, was in Deinem Leben gerade geschieht, ganz egal, wie schwierig die Dinge sein mögen, Du im tiefsten Innern Deines Seins sicher und ganz bist. Du wirst es immer sein. Leben für Leben bist Du leuchtender Geist – ein wunderschönes Licht. Manchmal kommst Du zu diesem Planeten und bedeckst Dein Licht, verbirgst es. Aber das Licht ist immer da. Während Du jene Begrenzungen losläßt und Du die wahre Schönheit Deines Wesens erkennst, erstrahlst Du in hellem Glanz. Du bist Liebe. Du bist Energie. Du bist Geist. Du bist der hell leuchtende Geist der Liebe. Laß Dein Licht leuchten.

*Wir
sind alle
Lehrer und Schüler.
Frage Dich:
»Was zu lernen
und
was zu lehren,
bin ich hierhergekommen?«*

Alle meine Beziehungen sind von einem Kreis der Liebe eingehüllt

Hülle Deine Familie in einen Kreis der Liebe ein, ob sie nun leben oder nicht. Schließe Deine Freunde mit ein, die Menschen, die Du liebst, Deinen Gatten oder Gattin, alle Menschen an Deinem Arbeitsplatz und aus Deiner Vergangenheit und alle Menschen, denen Du vergeben möchtest, aber nicht genau weißt wie. Bekräftige, daß Du wunderbare, harmonische Beziehungen mit allen Menschen hast, wo gegenseitiger Respekt und Fürsorge zwischen Euch herrscht. Sei Dir bewußt, daß Du mit Würde und Frieden in Freude leben kannst. Laß diesen Kreis der Liebe den ganzen Planeten umfassen, und öffne Dein Herz, damit Du in Dir eine Dimension bedingungsloser Liebe erfahren kannst. Du bist es wert, geliebt zu werden. Du bist schön. Du bist mächtig. Du öffnest Dich allem Guten. Und so ist es.

*Wir sind
am Rande
des Erwachens
zu einem
neuen Bewußtsein
für den
gesamten Planeten.
Wie weit
bist Du bereit,
den Horizont
Deines Denkens
zu erweitern?*

Ich bin eins mit allen Menschen auf dem Planeten

Ich glaube nicht an zwei Mächte – gut und böse. Ich glaube, daß es den Einen Unendlichen Geist gibt. Ich glaube, daß es Menschen gibt, die die Gelegenheit haben, ihre Intelligenz und Weisheit und die Mittel, die ihnen gegeben wurden, auf jede Art zu nutzen. Wenn Du von *ihnen* sprichst, sprichst Du immer von *uns,* denn wir sind die Menschen, wir sind die Regierung, wir sind die Kirchen, und wir sind der Planet. Der Platz, an dem wir anfangen müssen, Veränderungen vorzunehmen, ist dort, wo wir gerade sind. Ich finde, daß es allzu einfach ist zu sagen: *»Es ist der Teufel.« »Es sind die.«* In Wirklichkeit sind immer *wir* es!

*Geld ist Energie;
es ist ein
Austausch von Leistungen.
Es ist Materie und Form.
Es hat für sich allein
keine Bedeutung,
außer der,
die wir ihm geben
und was wir
von ihm halten.
Wir haben so viel
mit Geld laufen,
müssen uns aber
im klaren sein,
daß dies in Wirklichkeit
nur damit zu tun hat,
was wir zu verdienen glauben.*

Mein Einkommen nimmt ständig zu

Die schnellste Art, Dein Einkommen zu vermehren, ist, geistige Arbeit zu machen. Was kannst Du tun, um Dir selbst zu helfen? Du kannst Dich entweder dafür entscheiden, Geld und andere Formen des Wohlstands anzuziehen oder zurückzustoßen. Sich zu beklagen funktioniert nie. Du hast ein kosmisches, geistiges Bankkonto, und Du kannst positive Affirmationen hinterlegen und glauben, daß Du es verdienst, oder auch nicht. Bestätige: *»Mein Einkommen nimmt ständig zu. Ich bin es würdig, Erfolg zu haben.«*

*Wir können
den Planeten
entweder
zerstören oder heilen.
Es liegt an
jedem einzelnen von uns.
Setze Dich täglich hin
und schicke
unserem Planeten
liebevolle, heilende Energie.
Wie
wir unseren Geist gebrauchen,
macht den Unterschied.*

Ich bin mit allem Leben verbunden

Ich bin Geist, Licht, Energie, Schwingung, Farbe und Liebe. Ich bin viel viel mehr, als ich mir zutraue. Ich bin mit jedem Menschen und mit allem Leben auf dem Planeten verbunden. Ich sehe mich als gesund und ganz in einer Gesellschaft leben, in der ich ruhig ich selbst sein kann und in der sich die Menschen gegenseitig lieben. Ich halte diese Vision aufrecht für mich und für alle von uns, denn dies ist eine Zeit des Heilens und des Ganzwerdens. Ich bin ein Teil des Ganzen. Ich bin eins mit allem Leben. Und so ist es.

*Wenn wir heranwachsen,
werden wir
so besorgt über das,
was die Nachbarn
denken könnten.
Wir sagen uns:
»Werden sie mich anerkennen?«
Jeder und alles
ist einzigartig
und unterschiedlich,
und so soll es auch sein.
Wenn wir wie die anderen sind,
dann drücken wir
unsere eigene Besonderheit
nicht aus.*

EINZIGARTIGKEIT

Ich bin mein eigenes einzigartiges Selbst

Du bist nicht Dein Vater. Du bist nicht Deine Mutter. Du bist keine/r Deiner Verwandten. Du bist nicht Deine Lehrer/innen in der Schule, Du bist auch nicht die Begrenzungen Deiner früheren religiösen Erziehung. Du bist Du selbst. Du bist außergewöhnlich und einzigartig und hast Deine eigenen Talente und Fähigkeiten. Niemand kann die Dinge genauso tun wie Du. Es gibt keine Konkurrenz und keinen Vergleich. Du bist Deiner eigenen Liebe und Deiner eigenen Selbstannahme würdig. Du bist ein herrliches Geschöpf. Du bist frei. Erkenne dies als Deine neue Wahrheit an. Und so ist es.

*Wenn wir aufwachsen,
neigen wir dazu,
die emotionale Umgebung
unseres früheren Zuhauses
wieder zu erschaffen.
Wir neigen dazu,
die Beziehung,
die wir zu unseren Müttern
und Vätern hatten,
und die, die sie
untereinander hatten,
wieder herzustellen.*

Ich treffe meine eigenen Entscheidungen

Viele von Euch haben Machtkämpfe mit ihren Eltern. Eltern drücken viele Knöpfe. Wenn Du aufhören *willst*, dieses Spiel zu spielen, *mußt* Du aufhören, dieses Spiel zu spielen. Es ist an der Zeit, daß Du erwachsen wirst und Dich entscheidest, was Du willst. Du kannst damit anfangen, indem Du Deine Eltern mit ihren Vornamen ansprichst. Werdet wie zwei Erwachsene anstelle von Elternteil und Kind.

*Laß von
emotionalen Anhaftungen
an Überzeugungen
der Vergangenheit los,
damit sie Dich
jetzt nicht verletzen.
Wenn Du
ganz im Augenblick lebst,
kannst Du nicht
von der Vergangenheit
verletzt werden,
ganz egal,
um was es sich handelt.*

Ich bin immer in Sicherheit

Wenn Du Deine Emotionen unterdrückst oder Dinge zurückhältst, schaffst Du Chaos in Dir. Liebe Dich selbst genug, um Dir zu erlauben, Deine Gefühle zu fühlen. Abhängigkeiten, wie zum Beispiel von Alkohol, maskieren Deine Emotionen, so daß Du sie *nicht* fühlst. Lasse zu, daß Deine Gefühle hochkommen. Mag sein, daß Du eine ganze Menge altes Zeug zu verarbeiten hast. Fange an, einige Affirmationen für Dich zu machen, so daß Du dies mühelos, reibungslos und bequem machen kannst. Bekräftige, Daß Du bereit bist, Deine wahren Emotionen zu fühlen und, was ganz besonders wichtig ist, sage Dir immer wieder, daß Du in Sicherheit bist.

*Spüre,
wie federnd Dein Gang ist.
Schau nur,
wie Deine Augen glänzen.
Dein strahlendes Wesen
ist jetzt hier.
Erhebe Anspruch darauf!*

Ich bin gesund und voller Energie

Ich weiß und bekräftige, daß mein Körper ein freundlicher Ort zum Leben ist. Ich respektiere meinen Körper und behandle ihn gut. Ich verbinde mich mit der Energie des Universums, und ich lasse zu, daß sie durch mich hindurchfließt. Ich habe eine wundervolle Energie. Ich bin strahlend, vital und quicklebendig!

*Entspanne Dich
und genieße das Leben.
Sei Dir bewußt,
daß alles,
was Du wissen mußt,
Dir zur rechten Zeit
und am rechten Ort
offenbart wird.*

Ich bin in Frieden

Heute bin ich ein neuer Mensch. Ich entspanne mich und befreie meine Gedanken von jeder Art Druck. Kein Mensch, kein Ort, kein Ding kann mich irritieren oder stören. Ich bin in Frieden. Ich bin ein freier Mensch, der in einer Welt lebt, die ein Spiegel meiner eigenen Liebe und meines eigenen Verständnisses ist. Ich bin gegen gar nichts. Ich bin für alles, das die Qualität meines Lebens verbessern wird. Ich benütze meine Worte und Gedanken als Werkzeuge, um meine Zukunft zu formen. Ich drücke meine Dankbarkeit oft aus und halte Ausschau nach Dingen, für die ich dankbar sein kann. Ich bin entspannt. Ich lebe ein friedliches Leben.

*Such Dir ein Bild
von etwas aus,
das Du wirklich liebst:
Blumen, ein Regenbogen,
ein spezielles Bild,
eine Sportart, die du liebst.
Stell Dir dieses Bild
immer dann vor,
wenn Du anfängst,
Dich gerade zu erschrecken.*

Ich bin in Harmonie mit der Natur

Das weiß ich und bestätige es mir. Ich liebe mich und erkenne mich an. Alles in meiner Welt ist in Ordnung. Ich atme den kostbaren, doch reichlichen Atem des Lebens ein, und ich lasse zu, daß sich mein Körper, mein Geist und meine Gefühle entspannen. Es gibt keinen einzigen Grund dafür, daß ich mich fürchte. Ich bin in Harmonie mit dem gesamten Leben – der Sonne, dem Mond, den Winden, dem Regen, der Erde und der Bewegung der Erde. Die Kraft, die die Erde bewohnt, ist mein Freund. Ich lebe in Frieden mit den Elementen. Die Elemente der Natur sind meine Freunde. Ich bin flexibel und fließend. Ich bin immer in Sicherheit. Ich weiß, daß mir kein Schaden zugefügt werden kann. Ich schlafe und wache und bewege mich in vollkommener Sicherheit. Nicht nur ich bin in Sicherheit, sondern auch meine Freunde, meine Familie, und die Menschen, die ich liebe, sind in Sicherheit. Ich habe Vertrauen darin, daß die Kraft, die mich erschaffen hat, mich zu allen Zeiten und unter allen Umständen beschützt. Wir erschaffen unsere eigene Wirklichkeit, und ich erschaffe mir eine Wirklichkeit der Einheit und Sicherheit. Dort, wo ich bin, ist immer eine Insel der Sicherheit. Ich bin in Sicherheit, es handelt sich nur um Veränderung. Ich liebe mich und erkenne mich an. Ich vertraue mir. Alles in meiner Welt ist in Ordnung.

*Fühle,
wie sich
Dein Herz öffnet,
und sei Dir bewußt,
daß dort im Inneren
für Dich Platz ist.*

Ich behandle mich mit bedingungsloser Liebe

Wenn deine Kindheit voller Angst und Kampf war und Du Dich jetzt mit Gedanken fertigmachst, fährst Du fort, mit Deinem inneren Kind ähnlich umzugehen. Das Kind hat keinen Platz in Dir, wo es hingehen könnte. Liebe Dich jetzt genug, um über die Begrenzungen Deiner Eltern hinauszugehen. Sie kannten keine andere Art, Dich zu erziehen. Du bist jetzt lange genug ein »gutes Kind« gewesen, das immer genau das getan hat, was Mami und Papi ihm/ihr beigebracht haben. Es ist für Dich an der Zeit, daß Du erwachsen wirst und erwachsene Entscheidungen triffst, die unterstützend und nährend sind.

*Heute
ist eine sehr aufregende Zeit
in Deinem Leben.
Dein Leben ist
ein wunderbares Abenteuer,
und Du wirst nie wieder
durch diesen bestimmten Prozeß
hindurchgehen.*

Ich bin auf einer endlosen Reise durch die Ewigkeit

In der Unendlichkeit des Lebens ist alles vollkommen, ganz und vollendet. Der Kreislauf des Lebens ist auch vollkommen, ganz und vollendet. Es gibt eine Zeit des Beginnens, eine Zeit des Wachsens, eine Zeit des Seins, eine Zeit des Verwelkens oder des Verfalls und eine Zeit des Abschieds. Sie sind alle Teil der Vollkommenheit des Lebens. Wir empfinden sie als normal und natürlich, und obwohl wir zeitweise traurig darüber sind, akzeptieren wir den Kreislauf und seine Rhythmen. Manchmal gibt es ein abruptes Ende in der Mitte des Kreislaufs. Wir sind erschüttert und fühlen uns bedroht. Jemand starb in zu jungem Alter, oder etwas wurde zerschlagen und zerstört. Oftmals erinnern uns Gedanken, die Schmerz bereiten, an unsere Sterblichkeit – auch unser Kreislauf geht einmal zu Ende. Werden wir ihn in seiner Fülle ausleben oder wird es auch für uns ein frühes Ende geben? Das Leben ist einem ständigen Wechsel unterworfen. Es gibt keinen Anfang und kein Ende, nur einen ununterbrochenen Kreislauf der Wandlung von Materie und Erfahrung. Das Leben ist nie festgefahren, statisch oder schal, denn jeder Augenblick ist ewig neu und frisch. Jedes Ende ist ein neuer Anfangspunkt.

*Wenn Du
von Deiner Familie
Liebe und Anerkennung willst,
mußt Du ihnen
Liebe und Anerkennung
entgegenbringen.*

Ich segne meine Familie mit Liebe

Nicht jeder hat so eine Familie wie ich; noch haben die anderen Familien die zusätzlichen Möglichkeiten, ihre Herzen zu öffnen, wie meine Familie sie hat. Wir werden weder von dem, was die Nachbarn denken, noch von den Vorurteilen der Gesellschaft eingeschränkt. Wir sind weit mehr als das. Wir sind eine Familie, die aus der Liebe heraus lebt, und wir nehmen jedes einzigartige Mitglied mit Stolz an. Ich bin etwas Einzigartiges, und ich bin der Liebe würdig. Ich liebe und akzeptiere jedes Mitglied meiner wunderbaren Familie, und sie wiederum lieben und verehren mich. Ich bin in Sicherheit. Alles in meiner Welt ist in Ordnung.

*Wenn Du glaubst,
daß Du
etwas Falsches getan hast,
dann wirst Du einen
Weg finden,
Dich zu bestrafen.*

FEHLER

Ich erhebe mich über alle Begrenzungen

Jede Erfahrung ist eine Möglichkeit zur Transformation im Leben, einschließlich der sogenannten »Fehler«. Liebe Dich für alle Deine Fehler. Sie waren für Dich sehr wertvoll. Sie haben Dich viele Dinge gelehrt. Auf diese Art lernst Du. Sei bereit, Dich nicht für Deine Fehler zu bestrafen. Liebe Dich für Deine Bereitschaft, zu lernen und zu wachsen.

*Manche Menschen
wissen nicht,
wie man »nein« sagt.
Die einzige Art,
»nein« zu sagen, die sie kennen,
ist krank zu sein.*

Ich akzeptiere das,
was für mich am besten ist

Wenn ich eine heiße Kartoffel nach Dir schmeißen würde, was würdest Du damit tun? Würdest Du sie auffangen? Würdest Du sie festhalten, während sie Deine Hand verbrennt? Warum würdest Du sie überhaupt auffangen? Warum gehst Du ihr nicht einfach aus dem Weg? Es ist möglich, alles abzulehnen, sogar ein Geschenk. Bist Du Dir dessen bewußt?

*Je mehr
wir uns selbst hassen
und je mehr
Schuld wir verspüren,
desto schlechter
wird unser Leben
funktionieren.
Je weniger
wir uns selbst hassen
und je weniger
Schuld wir verspüren,
desto besser
wird unser Leben
funktionieren,
und zwar auf allen Ebenen.*

Ich bin frei

Ich bin reiner Geist und Licht und Energie. Ich sehe mich selbst als freies Wesen. Ich bin frei im Geiste. Ich bin frei in meinen Gefühlen. Ich bin frei in meinen Beziehungen. Ich bin frei in meinem Körper. Ich fühle mich frei in meinem Leben. Ich lasse zu, daß ich mich mit dem Teil von mir verbinde, der reiner Geist und vollkommen frei ist. Ich lasse los von all meinen Begrenzungen und Ängsten des menschlichen Verstandes. Ich fühle mich nicht mehr festgefahren. Während ich mich mit dem Geist in mir verbinde, mit dem Teil von mir, der reiner Geist ist, realisiere ich, daß ich weitaus mehr bin als meine Persönlichkeit, meine Probleme oder meine Krankheit. Je mehr ich mich mit jenem Teil von mir verbinde, desto freier kann ich in allen Bereichen meines Lebens sein. Ich kann es mir aussuchen, der Teil von meinem Geist zu sein, der vollkommen frei ist. Wenn ich auf einem Gebiet frei sein kann, kann ich es auf vielen Gebieten. Ich bin bereit, frei zu sein. Der Teil von mir, der reiner Geist ist, weiß, wie er mich zu führen und auf eine Art zu leiten hat, die für mich sehr nützlich ist. Ich vertraue dem Geist-Teil von mir und weiß, daß es ungefährlich ist, frei zu sein. Ich bin frei in meiner Liebe für mich selbst. Ich lasse diese Liebe für mich selbst so frei wie möglich fließen. Es ist ungefährlich, frei zu sein. Ich bin Geist, und ich bin frei. Und so ist es.

*Es ist ungefährlich,
nach innen zu schauen.
Jedesmal,
wenn Du tiefer
in Dich hineinschaust,
wirst Du unermeßlich
schöne Schätze
in Dir finden.*

Ich bin im Zentrum des Friedens

Die äußere Welt berührt mich nicht. Ich habe die Verantwortung für mein eigenes Wesen. Ich wache über meine innere Welt, denn von da aus erschaffe ich. Ich tue das, was ich tun muß, um meine innere Welt friedvoll zu halten. Mein innerer Friede ist lebenswichtig für meine Gesundheit und mein Wohlsein. Ich gehe nach innen und gelange in die Dimension, wo alles still und rein ist. Ich mag diese Dimension als einen friedlichen, tiefen, stillen Teich sehen, der von grünem Gras und hohen, schweigenden Bäumen umgeben ist. Ich mag sie als weiße, wogende Wolken spüren, auf die man sich legt und gestreichelt wird. Ich höre sie vielleicht als fließende, angenehme Musik, die meine Sinne beruhigt. Ganz gleich, wie ich meine innere Dimension erfahren möchte, ich finde dort Frieden. In diesem Zentrum des Friedens bin ich. Ich bin die Reinheit und die Stille des Zentrums meines kreativen Prozesses. Ich erschaffe in Frieden. Ich lebe, bewege mich und erfahre das Leben in Frieden. Weil ich in innerem Frieden verbleibe, gibt es in meiner äußeren Welt Frieden. Auch wenn die anderen Unstimmigkeiten und Chaos haben, berührt es mich nicht, da ich mich selbst für Frieden entscheide. Auch wenn es um mich herum irrsinnig zugeht, bin ich ruhig und friedlich. Das Universum ist ein Universum von großartiger Ordnung und Frieden, und ich spiegele dies in jedem einzelnen Augenblick meines Lebens. Die Sterne und die Planeten müssen sich nicht sorgen oder ängstigen, um ihre himmlische Umlaufbahn aufrechtzuerhalten. Genauso wenig trägt chaotisches Denken zu meiner friedlichen Existenz im Leben bei. Ich entscheide mich, Frieden auszudrücken, denn ich bin Frieden. Und so ist es.

*Je mehr
wir uns
mit dem beschäftigen,
was wir nicht wollen,
desto schneller
ereilt es uns.*

Ich bin ein beJahender Mensch

Ich weiß, daß ich eins bin mit dem ganzen Leben. Ich bin umgeben und durchdrungen von unbegrenzter Weisheit. Darum verlasse ich mich gänzlich darauf, daß das Universum mich auf jede erdenkliche, positive Weise unterstützt. Ich wurde von dem Leben erschaffen, und dieser Planet wurde mir gegeben, um alle meine Bedürfnisse zu erfüllen. Alles, was ich jemals brauchen könnte, ist schon hier vorhanden, wartet auf mich. Auf diesem Planeten gibt es mehr Essen, als ich jemals essen könnte. Es gibt mehr Geld, als ich je ausgeben könnte. Es gibt mehr Menschen, als ich je treffen könnte. Es gibt mehr Liebe, als ich je erfahren könnte. Es gibt mehr Freude, als ich mir je vorstellen könnte. Diese Welt besitzt alles, was ich brauche und begehre. Ich darf alles benützen und besitzen. Der Eine Unendliche Geist, die Eine Unendliche Intelligenz sagt immer »Ja« zu mir. Ganz gleich, was ich zu glauben, zu denken oder zu sagen wünsche, das Universum sagt immer »Ja« zu mir. Ich verschwende nicht meine Zeit mit negativen Gedanken oder negativen Belangen. Ich wäge mein »Ja« sorgfältig ab. Ich ziehe es vor, mich und das Leben in einem überaus positiven Licht zu sehen. Darum sage ich »Ja« zu guten Chancen und zum Wohlstand. Ich sage »Ja« zu allem, was gut ist. Ich bin ein beJahender Mensch, der in einer beJahenden Welt lebt, auf die ein beJahendes Universum antwortet, und ich freue mich, daß es so ist.

*Wenn etwas Gutes
in unser Leben kommt
und wir es verleugnen,
indem wir sagen:
»Ich glaub es nicht«,
schieben wir das Gute
buchstäblich weg.*

Ich verweile in positiven Gedanken

Stell Dir vor, daß Gedanken wie Wassertropfen sind. Wenn Du dieselben Gedanken immer wieder denkst, erschaffst Du eine bestimmte, unglaubliche Ansammlung von Wasser. Zuerst hast Du eine kleine Pfütze, dann vielleicht einen Teich, und während Du fortfährst, dieselben Gedanken immer wieder zu denken, entsteht ein See, und schließlich ein Ozean. Wenn Deine Gedanken negativ sind, kannst Du in Deiner eigenen Negativität ertrinken. Wenn Deine Gedanken positiv sind, kannst Du auf dem Ozean des Lebens schwimmen.

*Jedesmal, wenn Du hörst,
daß etwas unheilbar ist,
sei Dir bewußt,
daß das nicht wahr ist.
Wisse,
daß es eine Kraft gibt,
die mächtiger ist.*

Der Unendliche Geist ist ewig

Die Sonne scheint immer. Obwohl Wolken auftauchen und die Sonne für kurze Zeit verdunkeln können, scheint die Sonne fortwährend. Die Sonne hört nie auf zu scheinen. Und obwohl sich die Erde dreht und es so aussieht, als würde die Sonne untergehen, hört sie in Wirklichkeit nie auf zu scheinen. Das Gleiche gilt in bezug auf die Unendliche Kraft, den Unendlichen Geist. Er ist immer da und schenkt uns immer Licht. Wir mögen zwar seine Gegenwart durch die Wolken negativen Denkens verfinstern, doch jener Geist, jene Kraft, jene heilende Energie ist immer mit uns.

*Wenn wir warten,
bis wir vollkommen sind,
um uns zu lieben,
werden wir
unser Leben verschwenden.
Wir sind schon vollkommen
hier und jetzt.*

Ich bin vollkommen, so wie ich bin

Ich bin weder zuviel noch zuwenig. Ich muß niemandem und nichts beweisen, wer ich bin. Ich habe erkannt, daß ich der vollkommene Ausdruck der Einheit des Lebens bin. In der Grenzenlosigkeit des Lebens habe ich viele Identitäten gehabt, und jede war ein vollkommener Ausdruck für jedes spezielle Leben. Ich bin zufrieden, der und das zu sein, was ich in diesem Leben bin. Ich verlange nicht danach, wie jemand anders zu sein, denn das ist nicht die Ausdrucksform, die ich dieses Mal gewählt habe. Das nächste Mal werde ich anders sein. Ich bin vollkommen, wie ich hier und jetzt bin. Ich bin mir genug. Ich bin eins mit allem Leben. Es ist nicht notwendig, sich abzumühen, um besser zu sein. Alles, was ich tun muß, ist, mich heute mehr zu lieben als gestern und mich wie jemanden, der sehr geliebt wird, zu behandeln. So wie ich mich selbst hege und pflege, werde ich mit einer Freude und Schönheit, die ich kaum zu erfassen vermag, erblühen. Liebe ist die Nahrung, die Menschen brauchen, um ihre Größe zu verwirklichen. In dem Maße, wie ich lerne, mich selbst mehr zu lieben, lerne ich alle mehr zu lieben. Zusammen ernähren wir mit Liebe eine immer schöner werdende Welt. Wir werden alle geheilt, und der Planet wird auch geheilt. Mit Freude erkenne ich meine Vollkommenheit und die Vollkommenheit des Lebens. Und so ist es.

*Der Körper
ist wie alles andere im Leben
Spiegel Deiner inneren
Gedanken und Glaubensmuster.
Jede Zelle
reagiert auf jeden
einzelnen Gedanken,
den Du denkst,
und auf jedes einzelne Wort,
das Du sprichst.*

Ich höre auf die Mitteilungen meines Körpers

In dieser Welt der Veränderung entscheide ich mich, in allen Bereichen flexibel zu sein. Ich bin bereit, mich selbst und meine Glaubensmuster zu verändern, um die Qualität meines Lebens und meiner Welt zu verbessern. Mein Körper liebt mich, wie auch immer ich ihn behandle. Mein Körper kommuniziert mit mir, und ich höre jetzt auf seine Mitteilungen. Ich bin bereit, die Botschaften zu verstehen. Ich bin achtsam und nehme die notwendigen Korrekturen vor. Ich gebe meinem Körper das, was er auf allen Ebenen braucht, damit er optimale Gesundheit wiedererlangt. Ich wende mich an eine innere Kraft, die in mir liegt, wann immer ich sie brauche. Und so ist es.

*Gute Gesundheit bedeutet,
nicht erschöpft zu sein,
einen guten Appetit zu haben,
leicht einzuschlafen
und aufzuwachen,
ein gutes Gedächtnis zu haben,
Humor zu haben,
präzise im Denken
und Handeln zu sein
und ehrlich, bescheiden,
dankbar und liebevoll zu sein.
Wie gesund bist Du?*

Mein Körper, Intellekt und Geist sind ein gesundes Team

Der Körper spricht immer zu Dir. Was machst Du, wenn Du eine Botschaft vom Körper bekommst wie ein Wehwehchen oder einen Schmerz? Normalerweise läufst Du zum Arzneischrank oder zur Apotheke und nimmst eine Pille. In Wirklichkeit sagst Du zu Deinem Körper: *»Sei still! Ich will Dich nicht hören. Rede nicht mit mir!«* Das ist keine gute Art, seinen Körper zu lieben. Wenn Du das erste Wehwehchen oder den ersten Schmerz verspürst oder auch nur das Geringste schiefgeht, solltest Du Dich hinsetzen, die Augen schließen und Dich ganz ruhig fragen: *»Was muß ich wissen?«* Lausche einige Minuten nach der Antwort. Sie kann so einfach sein wie: *»Schlafe etwas.«* Oder sie kann stärker sein. Wenn Du möchtest, daß Dein Körper noch längere Zeit gut für Dich funktioniert, mußt Du Teil des Körper-Intellekt-Geist-Heilungsteams sein.

*Wenn Du
auf Leute hören willst,
dann höre auf die Gewinner.
Höre auf die Menschen,
die wissen, was sie tun,
und die das,
was sie tun,
unter Beweis stellen.*

Ich bin ein natürlicher Gewinner

Während wir lernen, uns selbst zu lieben, werden wir stark. Unsere Liebe zu uns selbst rückt uns vom Platz des Opfers auf den Platz des Gewinners. Unsere Liebe zu uns selbst zieht wunderbare Erfahrungen an. Menschen, die ein gutes Gefühl zu sich haben, sind von Natur aus anziehend, weil sie eine Aura um sich haben, die einfach wunderbar ist. Sie gewinnen immer beim Spiel des Lebens. Wir können bereit sein, uns lieben zu lernen. Wir können auch Gewinner sein.

*Wohin auch immer
Du gehst und
wen auch immer
Du triffst,
Du wirst
Deiner eigenen Liebe,
die auf Dich wartet,
begegnen.*

Ich folge dem Pfad der rechten Handlung

In der Unendlichkeit des Lebens, wo ich bin, ist alles vollkommen, ganz und vollendet. In dem Wissen, daß ich eins bin mit der Quelle und daß ich dem Pfad der rechten Handlung folge, lebe ich zu allen Zeiten nach den richtigen Grundsätzen. Ich ziehe es vor, daß meine Gedanken mit allem, was zu meinem höchsten Wohl und meiner größten Freude ist, in Übereinstimmung sind. Meine Lebensqualität reflektiert diesen Zustand, in dem ich gegenwärtig sein will. Ich liebe das Leben. Ich liebe mich. Ich bin zu allen Zeiten in Sicherheit. Alles in meiner Welt ist in Ordnung.

*Eine Rose ist
immer schön,
immer vollkommen und
immer in Wandlung.
So sind wir auch.
Wir sind immer vollkommen,
wo auch immer wir
im Leben stehen.*

Ich bin am richtigen Platz

Genauso wie alle Sterne und Planeten in der ihnen entsprechenden Umlaufbahn und Göttlichen, richtigen Ordnung sind, bin ich es auch. Die Himmel sind perfekt ausgerichtet, und ich bin es ebenso. Ich kann vielleicht nicht alles, was geschieht, mit meinem beschränkten, menschlichen Geist verstehen; ich weiß jedoch, daß ich aus kosmischer Sicht am richtigen Platz zur richtigen Zeit bin und das Richtige tue. Ich ziehe es vor, positive Gedanken zu denken. Die gegenwärtige Erfahrung ist ein Trittbrett zu neuer Bewußtheit und zu größerer Herrlichkeit.

*Bitte um Hilfe.
Sage dem Leben,
was Du willst,
und lasse zu,
daß es geschieht.*

Alles, was ich brauche, kommt zu mir zur rechten Zeit und am rechten Ort

Affirmationen machen, Wunschlisten erstellen, Schatzsuche-Karten kreieren, Visualisationen, das Schreiben eines Tagebuches – all dies kann verglichen werden mit dem Besuch eines Restaurants. Der Ober nimmt Deine Bestellung entgegen und geht dann in die Küche, um sie dem Küchenchef zu geben. Du sitzt da und machst irgend etwas, weil Du annimmst, daß das Essen auf dem Weg ist. Du fragst den Ober nicht alle zwei Sekunden: *»Ist das Essen schon fertig? Wie bereiten Sie es zu? Was machen Sie dort drin?«* Du gibst Deine Bestellung auf und weißt, daß man dir das Essen servieren wird. Mit der *kosmischen Küche*, wie ich sie nenne, funktioniert es ähnlich. Du gibst Deine Bestellung bei der *kosmischen Küche* auf und weißt, daß man sich darum kümmert. Sie wird zur rechten Zeit und am rechten Ort erfüllt.

*Groll,
Kritik, Schuldgefühle
und Angst
werden erzeugt,
wenn wir anderen
die Schuld geben
und nicht selbst die Verantwortung
für unsere
eigenen Erfahrungen
übernehmen.*

Die Liebe motiviert mich

Laß in Dir von aller Verbitterung und allem Groll los. Bekräftige, daß Du vollkommen willens bist, allen freien Herzens zu vergeben. Wenn Du an irgend jemanden denkst, der Dich zu irgendeinem Zeitpunkt in Deinem Leben auf irgendeine Weise verletzt haben könnte, solltest Du diesen Menschen jetzt mit Liebe segnen und von ihm loslassen. Und verabschiede den Gedanken. Niemand kann Dir irgend etwas nehmen, das Dir rechtmäßig gehört. Das, was Dir gehört, wird gemäß der Göttlichen richtigen Ordnung immer zu Dir zurückkehren. Wenn etwas nicht zu Dir zurückkehrt, dann soll es nicht sein. Akzeptiere dies mit Frieden im Herzen. Es ist äußerst wichtig, Groll aufzulösen. Hab Vertrauen in Dich. Du bist in Sicherheit. Die Liebe motiviert Dich.

*Alles in Deinem Leben,
jede Erfahrung,
jede Beziehung
ist ein Spiegel
von dem gedanklichen Muster,
das in Dir abläuft.*

HARMONIE

Ich bin ein harmonisches Wesen

Ich bin ein Zentrum im Göttlichen Geist, vollkommen, ganz und vollendet. Alle meine Angelegenheiten werden göttlich geführt und erzeugen somit die richtige Handlung und die perfekten Ergebnisse. Alles, was ich tue, sage oder denke, ist im Einklang mit der Wahrheit. Es gibt in meinem Leben und in meinen Angelegenheiten vollkommenes und beständiges richtiges Handeln. Ich kann mich ruhig verändern. Ich lasse alte Gedanken oder Schwingungen von Verwirrung, Chaos, Disharmonie, Respektlosigkeit oder Mißtrauen los. Jene Gedanken werden vollständig aus meinem Bewußtsein entfernt. Ich bin mit allen, mit denen ich in Kontakt bin, harmonisch verbunden. Menschen lieben es, mit mir zu arbeiten und zu sein. Ich drücke meine Gedanken, Gefühle und Ideen aus, und sie werden ohne Probleme von anderen begrüßt und verstanden. Ich bin ein liebevoller, freudiger Mensch, und alle lieben mich. Ich bin in Sicherheit. Ich werde überall, wo ich hinkomme, freudig begrüßt. Alles ist in Ordnung in meiner Welt, und das Leben wird immer schöner.

*Suche
in Deinem Herzen
nach Ungerechtigkeiten,
an denen Du noch
festhältst,
vergib sie
und laß sie los.*

Ich ruhe in Wahrheit und Frieden

Ganz egal, wo ich bin, gibt es nur Geist, Gott, Unendlich Gutes, Unendliche Weisheit, Unendliche Harmonie und Liebe. Es kann gar nicht anders sein. Es gibt keine Dualität. Deswegen erkläre und bekräftige ich hier und jetzt an meinem Arbeitsplatz, daß es nur Unendliche Harmonie, Weisheit und Liebe gibt. Es gibt keine Probleme, für die es nicht eine Lösung gäbe. Es gibt keine Fragen ohne Antworten. Ich entscheide mich jetzt, das Problem zu transzendieren, um die Göttliche, richtige Lösung zu finden für alle Unstimmigkeiten, die in der wahrlich harmonischen Atmosphäre dieses Unternehmens aufzutreten scheinen. Wir sind bereit, von dieser anscheinenden Unstimmigkeit und Verwirrung zu lernen und zu wachsen. Wir lassen los von allem Tadel und gehen nach innen, um die Wahrheit zu ergründen. Wir sind außerdem bereit, von allen Mustern loszulassen, die in unserem Bewußtsein sein könnten und zu dieser Situation beigetragen haben könnten. Wir möchten die Wahrheit wissen, und die Wahrheit ist es, die uns befreit. Göttliche Weisheit, Göttliche Harmonie und Göttliche Liebe regieren an wichtigster Stelle in mir und um mich herum, in und um jede einzelne Person in diesem Büro. Dieses Unternehmen ist Gottes Unternehmen, und Gott dirigiert, führt und lenkt unsere Bewegungen. Ich verkündige für mich selbst und für jeden einzelnen Menschen in diesem Unternehmen Frieden, Sicherheit, Harmonie und ein tiefes Gefühl von Liebe für das Selbst und die freudige Bereitschaft, andere zu lieben. Wir ruhen in der Wahrheit und leben in der Freude.

*Heilen
bedeutet Ganzmachen,
alle unsere Teile
anzunehmen,
nicht nur die Teile,
die wir mögen,
sondern alles an uns.*

Ich kann mich auf allen Ebenen heilen

Dies ist eine Zeit des Mitgefühls und eine Zeit des Heilens. Gehe nach innen und verbinde Dich mit dem Teil von Dir, der zu heilen weiß. Es ist möglich. Sei Dir bewußt, daß Du mitten im Prozeß der Heilung bist. Dieses Mal erfährst Du Deine Heilfähigkeiten, Fähigkeiten, die stark und kraftvoll sind. Du bist unglaublich fähig. Sei also bereit, auf eine andere Ebene zu gehen, um Fähigkeiten und Begabungen zu entdecken, derer Du Dir nicht bewußt warst. Tue es nicht, um eine Krankheit zu heilen, sondern um Dich auf allen Ebenen wirklich zu heilen. Du bist Geist, und weil Du Geist bist, hast Du die Freiheit, Dich selbst zu retten... und die Welt. Und so ist es.

*Krankheit brütet
in der Unfähigkeit zu verzeihen.
Vergebung hat nichts zu tun
mit gefälligem Verhalten.
Der Mensch, dem Du am
schlechtesten verzeihen kannst,
ist oftmals der Mensch,
von dem Du am meisten
loslassen mußt.
Ich habe entdeckt,
daß das Vergeben
und Loslassen
von Groll hilft,
sogar Krebs aufzulösen.*

Ich bin ein Magnet für Wunder

Ungekanntes und unerwartetes Glück ist heute auf dem Weg zu mir. Ich bin weitaus mehr als Regeln und Gesetze, Einschränkungen und Begrenzungen. Sobald ich mein Bewußtsein verändere, geschehen Wunder. Innerhalb jeder medizinischen Einrichtung gibt es eine zunehmende Anzahl von Medizinern, die aufgeklärt und auf einem spirituellen Weg sind. Ich ziehe jetzt solche Menschen an, wo immer ich auch bin. Meine geistige Atmosphäre von Liebe und Vertrauen ist ein Magnet für kleine Wunder in jedem Moment des Tages. Wo immer ich bin, herrscht eine heilende Atmosphäre, und sie bringt Segen und Frieden für alle. Und so ist es.

*Wir müssen mehr tun,
als nur das Symptom heilen.
Wir müssen die Ursache
von Krankheit abschaffen.
Wir müssen nach innen gehen,
wo der Krankheitsprozeß
begonnen hat.*

*Jede Hand, die mich berührt,
ist eine heilende Hand*

Ich bin ein kostbares Wesen, das vom Universum geliebt wird. Während ich die Liebe, die ich für mich habe, vermehre, wird dies auch vom Universum gespiegelt, in dem die Liebe immer mehr zunimmt. Ich weiß, daß die Universelle Kraft überall ist, in jedem Menschen, jedem Platz und jedem Ding. Diese liebende, heilende Kraft fließt durch die Mediziner und ist in jeder Hand, die meinen Körper berührt. Ich ziehe nur hochentwickelte Individuen auf meinem Weg des Heilens an. Meine Gegenwart hilft, die spirituellen, heilenden Fähigkeiten in jedem Mediziner hervorzubringen. Ärzte und Krankenschwestern staunen über ihre Fähigkeiten, mit mir in einem heilenden Team zu arbeiten.

*Wenn wir
keine inneren Veränderungen
vornehmen,
kommt die Krankheit
entweder zurück,
oder wir erzeugen
eine andere Krankheit.*

Ich lasse mein ganzes Wesen mit Licht vibrieren

Schau in das tiefste Innere Deines Herzens und finde den winzigen Punkt strahlend bunten Lichtes. Er hat so eine wunderschöne Farbe. Das ist das eigentliche Zentrum Deiner Liebe und Deiner Heilenergie. Beobachte, wie Dein Lichtpunkt anfängt zu pulsieren und zu wachsen, bis er Dein Herz ausfüllt. Laß ihn durch Deinen Körper wandern von Deinem Scheitel bis in die Zehenspitzen und durch Deine Fingerspitzen. Wir glühen mit diesem wunderschönen bunten Licht, welches Deine Liebe und Deine Heilenergie ist. Laß Deinen Körper mit diesem Licht vibrieren. Du kannst Dir sogar sagen: *»Mit jedem Atemzug, den ich nehme, werde ich gesünder und gesünder«*. Spüre, wie das Licht Deinen Körper von der Krankheit reinigt. Laß das Licht aus Dir in den Raum strahlen, in die Welt und zu Deinem besonderen Platz in der Welt. Erkenne alles als ganz. Du bist mächtig. Du zählst. Was Du mit der Liebe in Deinem Herzen machst, darauf kommt es an. Du bist bedeutend. Und so ist es.

*Jede Krankheit
enthält für uns eine Lektion
zum Lernen.*

Meine Hände sind kraftvolle Heilwerkzeuge

Das Auflegen von Händen ist etwas Normales und Natürliches. Es ist ein uralter Prozeß. Wenn Dein Körper schmerzt, weißt Du, daß Du als allererstes Deine Hand auf die jeweilige Stelle legen mußt, um den Schmerz zu lindern. Erlaube Dir also, Dir selber Energie zu geben. Atme tief ein und lasse Deine Spannungen, die Wut oder den Schmerz los, und laß Liebe aus Deinem Herzen fließen. Laß zu, daß sich Dein Herz öffnet, damit Du die Liebe, die in Deinen Körper fließt, empfangen kannst. Dein Körper weiß ganz genau, was er mit dieser heilenden Energie zu tun hat und wie er sie benutzen kann. Sieh, wie das liebende Licht aus Deinem Herzen strömt, ein überdimensionales schönes Licht. Laß diese Liebe aus Deinem Herzen strömen, durch Deine Arme und in Deine Hände fließen. Dieses Licht durchdringt Dein wahres Wesen mit Mitgefühl, Verständnis und Anteilnahme. Sieh Dich als ganz und geheilt. Deine Hände haben viel Kraft. Du verdienst Liebe. Du verdienst es, in Frieden zu leben. Du verdienst es, Dich sicher zu fühlen. Du verdienst, daß man Dich umsorgt. Erlaube Dir, zu empfangen. Und so ist es.

*Gehe sanft,
gütig und beruhigend
mit Deinem inneren Kind um,
während Du die alten,
negativen Botschaften in Dir
aufdeckst und von ihnen losläßt.
Sage Dir:
»Alle meine Veränderungen
geschehen auf bequeme
und mühelose Weise
und machen Spaß.«*

Ich liebe mich völlig im gegenwärtigen Moment

Liebe ist die größte auslöschende Kraft, die es gibt. Liebe löscht sogar die tiefste Prägung, denn Liebe geht tiefer als alles andere. Wenn Du in der Kindheit stark geprägt wurdest und Du andauernd sagst: *»Es ist alles ihre Schuld. Ich kann mich nicht ändern«*, bleibst Du stecken. Arbeite viel mit dem Spiegel. Liebe Dein Spiegelbild im Spiegel, vom Scheitel bis zur Sohle, angezogen und nackt. Schau Dir in die Augen und liebe Dich und das Kind in Dir.

*Jeder von uns
arbeitet immer
mit dem dreijährigen Kind
in sich.
Unglücklicherweise
verbringen die meisten von uns
ihre Zeit damit,
das Kind anzuschreien,
und wundern sich dann,
warum ihr Leben
nicht funktioniert.*

Ich umarme mein inneres Kind voller Liebe

Kümmere Dich um Dein inneres Kind. Es ist das Kind, das Angst hat. Es ist das Kind, das leidet. Es ist das Kind, das nicht weiß, was es tun soll. Sei für Dein Kind da. Umarme es und liebe es und tu, was Du kannst, um seine Bedürfnisse zu erfüllen. Sorge dafür, daß Dein Kind weiß, daß, ganz egal, was auch passiert, Du immer für es dasein wirst. Du wirst Dich nie von ihm abwenden oder von ihm weglaufen. Du wirst Dieses Kind immer lieben.

*Beobachte,
was Du in diesem Moment
denkst.
Willst Du,
daß dieser Gedanke
Deine Zukunft
erschafft?
Ist er negativ
oder positiv?
Beobachte einfach
und sei achtsam.*

Ich erfahre die Gesamtheit der Möglichkeiten in mir

Was bedeutet für Dich die Gesamtheit der Möglichkeiten? Sieh sie als grenzenlos an. Das bedeutet, über alle Begrenzungen hinauszugehen, die wir errichten können. Laß Deinen Geist über das, was Du als möglich betrachtet hast, hinausgehen. *»Es kann nicht gemacht werden.« »Es wird nicht funktionieren.« Es gibt nicht genug.« »Das ist im Weg.«* Oder wie oft hast Du folgende Begrenzungen benützt? *»Weil ich eine Frau bin, kann ich das nicht tun.« »Weil ich ein Mann bin, kann ich das nicht tun.« »Ich habe nicht die richtige Ausbildung.«* Du hältst Dich an Begrenzungen fest, weil sie Dir wichtig sind. Begrenzungen halten Dich jedoch davon ab, die Gesamtheit der Möglichkeiten auszudrücken und zu erfahren. Jedesmal, wenn Du sagst: *»Ich kann nicht«,* begrenzt Du Dich. Bist Du bereit, über das, was Du heute glaubst, hinauszugehen?

*Kinder
machen immer das,
was wir machen.
Du kannst untersuchen,
was Dich daran hindert,
Dich selbst zu lieben,
und Dich bereit machen,
das loszulassen.
Du wirst
ein wunderbares Beispiel
für Deine Kinder sein.*

Ich kommuniziere ganz offen mit meinen Kindern

Es ist lebenswichtig, mit Kindern offen zu kommunizieren, besonders in den Teenager-Jahren. Wenn Kinder anfangen, über Dinge zu reden, passiert es oft, daß ihnen immer wieder gesagt wird: »*Sag das nicht.*« »*Tu das nicht.*« »*Das sollst Du nicht fühlen.*« »*Sei nicht so.*« »*Äußere das nicht.*« »*Tu dies nicht und das nicht und jenes nicht.*« Also verschließen sich die Kinder. Sie hören auf zu kommunizieren. Ein paar Jahre später, wenn sie älter werden, sagen die Eltern: »Meine Kinder rufen mich nie an!« Warum rufen sie nicht an? Weil die Kommunikation irgendwann zusammenbrach.

*Deine Eltern
haben das Beste getan,
was sie mit ihrem
damaligen Verständnis
und Bewußtsein
tun konnten.
Sie konnten
Dich nichts lehren,
was sie nicht wußten.
Wenn Deine Eltern
sich nicht selber
lieben konnten,
wie sollten sie dazu imstande sein,
Dich zu lehren,
Dich selbst zu lieben.*

Ich erschaffe jetzt meine Zukunft

Ganz egal, wie Deine frühe Kindheit war, ob die beste oder die schlechteste, Du und nur Du bist jetzt für Dein Leben verantwortlich. Du kannst Deine Zeit damit verbringen, Deine Eltern oder Deine frühe Umgebung zu beschuldigen, aber das bringt Dich nur dahin, daß Du im Bewußtsein hängen bleibst, ein Opfer zu sein. Es verschafft Dir nie das Gute, von dem Du behauptest, es haben zu wollen. Deine gegenwärtigen Gedanken erschaffen Deine Zukunft. Sie können ein Leben voller Negativität und Leid erschaffen, oder sie können ein Leben voller unbegrenzter Freude erschaffen. Welches davon willst Du?

*Jedesmal,
wenn Du verurteilst
oder kritisierst,
sendest Du
etwas hinaus,
was zu Dir
zurückkommen wird.*

Ich liebe es, ich selbst zu sein

Kannst Du Dir vorstellen, wie wundervoll es wäre, wenn Du Dein Leben leben könntest, ohne von jemandem kritisiert zu werden? Wäre es nicht wundervoll, sich vollkommen zwanglos, vollkommen behaglich zu fühlen? Du würdest morgens aufstehen und wissen, daß Du einen wunderbaren Tag haben wirst, weil jeder Dich lieben und keiner Dich kritisieren oder herabsetzen wird. Du würdest Dich einfach großartig fühlen. Weißt Du was? Du kannst Dir das selbst schenken. Du kannst die Erfahrung, mit Dir selbst zu leben, zum denkbar wundervollsten Erlebnis machen. Du kannst morgens aufwachen und überglücklich sein, Dich selbst vorzufinden und die Freude zu spüren, einen weiteren Tag mit Dir zu verbringen.

*Kritische Menschen
ziehen oft eine Menge Kritik an,
weil es ihrem Muster entspricht,
zu kritisieren.
Oft haben sie das Gefühl,
zu allen Zeiten
perfekt sein zu müssen.
Kennst Du irgend jemanden
auf diesem Planeten,
der perfekt ist?*

KRITIK

Ich liebe mich und akzeptiere mich genauso wie ich bin

Bei jedem von uns gibt es Bereiche, die wir für unannehmbar und nicht liebenswert halten. Wenn wir wirklich auf Teile von uns selbst wütend sind, mißbrauchen wir uns. Wir nehmen Alkohol, Drogen, Zigaretten, wir überessen uns, wir schlagen uns usw. Eine der schlimmsten Arten, wie wir uns behandeln, ist, wenn wir uns selbst kritisieren. Dies richtet mehr Schaden an als irgend etwas anderes. Wir müssen jede Art von Kritik einstellen. Wenn wir uns einmal angewöhnt haben, so vorzugehen, ist es erstaunlich, wie schnell wir von allein aufhören, andere Menschen zu kritisieren. Denn jeder ist ein Spiegelbild von uns selbst, und das, was wir in einem anderen Menschen sehen, sehen wir in uns selbst. Wenn wir uns über jemanden anderen beklagen, beklagen wir uns in Wirklichkeit über uns selbst. Wenn wir der oder die, die wir sind, wahrlich lieben und akzeptieren können, gibt es nichts, worüber man sich beklagen müßte. Wir können uns selbst nicht verletzen, und wir können auch keinen anderen Menschen verletzen. Laßt uns geloben, uns nie mehr wegen irgend etwas zu kritisieren.

*Du kannst nicht
die Lektionen anderer Leute
für sie lernen.
Sie müssen
die Arbeit selber machen,
und sie werden sie tun,
wenn sie dafür bereit sind.*

Jeden Tag lerne ich etwas Neues

Wäre es nicht wundervoll, wenn man Kinder lehren würde, wie man denkt, wie man sich liebt, wie man gute Beziehungen hat, wie man als Eltern weise handelt, wie man mit Geld umgeht und wie man gesund bleibt, anstatt sie zu zwingen, die Daten von allen Schlachten auswendig zu lernen? Sehr wenige von uns haben gelernt, mit diesen verschiedenen Bereichen unseres Lebens umzugehen. Wenn wir es wüßten, würden wir uns anders verhalten.

*Einer der Pluspunkte
beim Sichselbstlieben ist,
daß du Dich
wohl fühlen darfst.*

Meine Liebe ist grenzenlos

Wir haben soviel Liebe auf dieser Welt, und wir haben soviel Liebe in unseren Herzen, nur manchmal vergessen wir sie. Manchmal glauben wir, daß es nicht genug davon gibt oder nur eine kleine Menge davon da ist. Also horten wir die Liebe, die wir haben, denn wir haben Angst, sie loszulassen. Wir haben Angst, sie herzugeben. Aber diejenigen unter uns, die bereit sind zu lernen, erkennen: je mehr Liebe wir aus uns herausfließen lassen, desto mehr Liebe ist in uns und desto mehr Liebe empfangen wir. Sie ist endlos und zeitlos. Liebe ist wirklich die mächtigste Heilkraft, die es gibt. Ohne Liebe könnten wir gar nicht überleben. Wenn winzige Babys keine Liebe und Zuwendung erhalten, siechen sie dahin und sterben. Die meisten von uns glauben, daß wir ohne Liebe überleben können, aber wir können es nicht. Die Liebe zu uns selbst ist die Kraft, die uns heilt. Übe dies soviel, wie Du kannst.

*Wenigstens
dreimal pro Tag
solltest Du Dich
mit ausgebreiteten
Armen hinstellen
und sagen:
»Ich bin bereit,
die Liebe hereinzulassen.
Es ist ungefährlich,
die Liebe hereinzulassen.«*

Ich bin es wert, geliebt zu werden

Du mußt Dir Liebe genauso wenig verdienen wie das Recht zu atmen. Du hast das Recht zu atmen, weil Du existierst. Du hast das Recht geliebt zu werden, weil Du existierst. Das ist alles, was Du wissen mußt. Du bist Deiner eigenen Liebe würdig. Laß nicht zu, daß die negativen Meinungen Deiner Eltern oder der Gesellschaft oder sonstige Vorurteile Dir das Gefühl geben, daß Du nicht gut genug bist. Die Realität Deines Wesens ist, daß Du liebenswert bist. Akzeptiere und wisse das. Wenn Du das wirklich tust, wirst Du die Erfahrung machen, daß die Menschen Dich wie eine liebenswerte Person behandeln.

*Jedesmal,
wenn Du meditierst,
jedesmal,
wenn Du eine
Heilvisualisation machst,
jedesmal,
wenn Du etwas
für die Heilung
des gesamten Planeten sagst,
verbindest Du Dich
mit Menschen,
die dasselbe tun.
Du verbindest Dich
mit Gleichgesinnten
rund um den Planeten.*

Ich trage dazu bei, eine Welt zu erschaffen, in der man sich ohne Gefahr lieben kann

Es ist ein Traum von mir, dazu beizutragen, eine Welt zu erschaffen, in der man sich ohne Gefahr lieben kann, in der wir geliebt und akzeptiert werden können, genauso wie wir sind. Das ist etwas, was wir uns schon als Kinder gewünscht haben: geliebt und akzeptiert zu werden, genauso wie wir sind. Wir wünschen uns das nicht erst für die Zeit, wenn wir größer oder klüger, hübscher oder mehr wie unsere Cousine oder unsere Schwester oder der Nachbar über der Straße sind. Wir wachsen auf und möchten nun dasselbe: geliebt und akzeptiert werden, genauso wie wir hier und jetzt sind. Wir werden es jedoch nicht von anderen Menschen erhalten, außer wenn wir es uns selbst geben können. Wenn wir uns selbst lieben können, wird es für uns leichter, andere Menschen zu lieben. Wenn wir uns selbst lieben, tun wir uns selbst nicht weh, und wir tun anderen Menschen nicht weh. Wir lassen los von unseren Vorurteilen und Meinungen, daß die eine oder andere Gruppe nicht gut genug ist. Wenn wir realisieren, wie unermeßlich schön wir alle sind, haben wir die Antwort auf den Weltfrieden – eine Welt, in der man sich ohne Gefahr lieben kann.

*Jeder einzelne von uns
tut sein Allerbestes
in diesem Augenblick.
Wenn wir es besser wüßten,
mehr Verständnis
und Bewußtheit hätten,
würden wir es
anders machen.*

Ich bin zu allen Zeiten vollkommen fähig

Lobe Dich und sage zu Dir selbst, wie wunderbar Du bist. Kränke Dich nicht. Wenn Du etwas Neues tust, mach Dich nicht fertig, weil Du beim ersten Mal nicht gleich ein Profi bist. Übe. Lerne, was funktioniert und was nicht funktioniert. Das nächste Mal, wenn Du etwas machst, was Du gerade erst lernst, sei für Dich da. Sag Dir nicht, was falsch war; sag Dir, was dabei richtig war. Lobe Dich. Baue Dich auf, so daß Du Dich wirklich gut dabei fühlst, wenn Du es das nächste Mal machst. Du wirst jedesmal besser und besser und besser sein. Bald wirst Du eine neue Fähigkeit entwickelt haben.

*Wir erschaffen Gewohnheiten
und Probleme,
um ein Bedürfnis
in uns zu befriedigen.
Wenn wir eine positive Möglichkeit
finden können,
um das Bedürfnis zu befriedigen,
können wir von dem Problem
loslassen.*

Für jedes Problem gibt es eine Lösung

Für jedes Problem, das ich erschaffe, gibt es eine Lösung. Ich werde nicht von dem Denken meines menschlichen Geistes eingeschränkt, da ich mit der gesamten Universellen Weisheit und dem Wissen verbunden bin. Ich komme aus dem liebenden Raum des Herzens und weiß, daß Liebe alle Türen öffnet. Es gibt eine immer bereite Macht, die mir hilft, jeder Herausforderung und jeder Krise in meinem Leben zu begegnen und sie zu bewältigen. Ich weiß, daß jedes Problem irgendwo auf der Welt geheilt worden ist. Deswegen weiß ich, daß dies auch für mich geschehen kann. Ich wickle mich in einen Kokon aus Liebe und bin in Sicherheit. Alles in meiner Welt ist in Ordnung.

*Wenn Du noch immer
eine bestimmte
Gewohnheit hast,
frage Dich,
wozu sie Dir dienlich ist.
Was bringt sie Dir?
Was würde geschehen,
wenn Du sie nicht mehr hättest?
Sehr oft sagen die Menschen:
»Mein Leben wäre dann besser.«
Warum glaubst Du,
daß Du es nicht verdienst,
ein besseres Leben zu haben?*

Ich lasse das Bedürfnis nach diesem negativen Zustand los

Wir erschaffen Gewohnheiten und Verhaltensmuster, weil sie uns auf irgendeine Weise dienen. Manchmal bestrafen wir jemanden damit, oder wir lieben jemanden damit. Es ist erstaunlich, wie viele Krankheiten erzeugt werden, um einen Elternteil zu bestrafen oder zu lieben. *»Ich werde auch Diabetes haben wie mein Papi, weil ich meinen Papi liebe.«* Es geschieht vielleicht nicht immer bewußt, aber wenn wir anfangen, nach innen zu gehen, werden wir das Muster entdecken. Wir erzeugen oft Negativität, weil wir nicht wissen, wie wir mit einem bestimmten Bereich unseres Lebens umgehen sollen. Wir müssen uns fragen: *»Über was bin ich traurig?« »Auf wen bin ich wütend?« »Was versuche ich zu umgehen?« »Wie wird dies mich retten?«* Wenn wir nicht bereit sind, von etwas loszulassen, sondern es festhalten wollen, weil es uns dient, können wir alles mögliche anstellen, aber es wird nicht funktionieren. Wenn wir wirklich bereit sind, von etwas loszulassen, ist es erstaunlich, wie uns eine Kleinigkeit dabei helfen kann, es zu tun.

*Du hast nicht nur
individuelle Glaubensmuster,
Du hast auch
Familienglaubensmuster
und die der Gesellschaft.
Ideen sind ansteckend.*

Ich bin gut genug

Wenn es in Dir irgendein Glaubensmuster gibt, das sagt: *»Du kannst es nicht haben«* oder *»Du bist nicht gut genug«*, dann denke: *»Ich bin bereit, dieses Glaubensmuster loszulassen. Das muß ich nicht mehr glauben.«* Bitte kämpfe nicht. Es ist nicht harte Arbeit. Du veränderst lediglich einen Gedanken. Du wurdest dafür geboren, das Leben zu genießen. Bestätige, daß Du nun bereit bist, Dich für die Fülle und das Glück, das überall zur Verfügung steht, zu öffnen. Du forderst es für Dich hier und jetzt: *»Ich verdiene es, Glück zu haben. Ich verdiene mein Gutes.«* Das, was Du erklärt hast, ist auf der Bewußtseinsebene schon erreicht, und nun wird es sich auch in Deiner Erfahrung manifestieren. Und so ist es.

*Fange an,
auf das, was Du sagst,
zu hören.
Wenn Du hörst,
daß Du negative
oder einschränkende
Worte gebrauchst,
solltest Du sie ändern.*

Ich spreche und denke positiv

Wenn Du die Macht Deiner Worte erfassen könntest, wärst Du mit dem, was Du sagst, vorsichtig. Du würdest ständig in positiven Affirmationen reden. Das Universum sagt immer »ja« zu allem, was Du sagst, ganz egal, was Du glauben möchtest. Wenn Du glauben möchtest, daß Du nicht viel wert bist und daß das Leben nie gut sein wird und Du nie das bekommen wirst, was Du möchtest, wird das Universum darauf reagieren, und genau das wirst Du bekommen. In dem Augenblick, in dem Du anfängst, Dich zu verändern, in dem Augenblick, in dem Du bereit bist, Gutes in Dein Leben zu bringen, wird das Universum auf gleiche Weise reagieren.

*Du solltest eine gute,
unterstützende Gruppe haben,
besonders dann,
wenn Du etwas
nicht machen willst.
Sie wird Dir dabei helfen
zu wachsen.*

Ich habe ein Recht auf das Leben, das ich mir wünsche

Was für eine Beziehung hättest Du gerne zu Deiner Mutter? Fasse sie in die Form einer Affirmation und fange damit an, sie laut oder innerlich vor Dir selbst herzusagen. Dann kannst Du sie Deiner Mutter sagen. Wenn sie bei Dir noch immer Knöpfe drückt, bedeutet das, daß Du sie nicht wissen läßt, wie Du Dich fühlst. Du hast ein Recht auf das Leben, das Du Dir wünschst. Du hast das Recht, ein Erwachsener zu sein. Es mag nicht einfach sein. Werde Dir darüber klar, was es ist, was Du brauchst. Sie ist vielleicht nicht damit einverstanden, aber setze sie nicht ins Unrecht. Sag ihr, was Du brauchst. Frage sie: »Wie können wir das lösen?« Sag ihr: »Ich möchte Dich lieben, und ich möchte eine wunderbare Beziehung zu Dir haben, und ich muß ich selbst sein.«

*Ein Gedanke,
der sagt:
»Ich bin ein böser Mensch«,
erzeugt ein negatives Gefühl.
Wenn Du jedoch
einen solchen Gedanken
nicht hast, wirst Du
das Gefühl nicht haben.
Verändere den Gedanken,
und das Gefühl
muß weichen.*

NEGATIVE GEDANKEN

*Ich bin jetzt bereit,
nur meine Herrlichkeit zu sehen*

Ich entscheide mich jetzt, alle negativen, zerstörerischen angstvollen Vorstellungen und Gedanken aus meinem Geist und meinem Leben zu entfernen. Ich höre nicht mehr auf abfällige Gedanken und Unterhaltungen, noch nehme ich daran teil. Heute kann mich niemand verletzen, da ich mich weigere, daran zu glauben, daß ich verletzt werden könnte. Ganz gleich, wie gerechtfertigt es auch sein mag, weigere ich mich, schädigenden Emotionen zu frönen. Ich erhebe mich über alles, was versucht, mich wütend oder ängstlich zu machen. Zerstörerische Gedanken haben keine Macht über mich. Schuldgefühle verändern nicht die Vergangenheit. Ich befasse mich in Gedanken und in Worten nur mit dem, was ich in meinem Leben erschaffen haben möchte. Ich eigne mich mehr als genug für alles, was ich tun muß. Ich bin eins mit der Kraft, die mich erschaffen hat. Ich bin in Sicherheit. Alles in meiner Welt ist in Ordnung.

*Hol Dir
die Freude.
Laß das
Dein diesjähriges Motto sein:
»Hol Dir die Freude!
Das Leben ist dafür da,
daß man es
jeden Tag genießt!«*

Dieses Jahr mache ich die geistige Arbeit für eine Veränderung

Viele von Euch fangen am ersten Tag des Jahres mit der Verwirklichung ihrer Neujahrsresolutionen an, aber da Ihr keine inneren Veränderungen vornehmt, sind die Vorsätze sehr schnell vergessen. Dort draußen wird sich nichts verändern, ehe Du nicht die inneren Veränderungen vornimmst und bereit bist, geistige Arbeit zu leisten. Das einzige, was Du verändern mußt, ist ein Gedanke, nur ein Gedanke. Sogar Selbsthaß ist nur das Hassen desjenigen Gedankens, den Du in bezug auf Dich selbst hast. Was kannst Du für Dich selbst in diesem Jahr auf positive Art und Weise machen? Was würdest Du gerne dieses Jahr für Dich tun, was Du letztes Jahr versäumt hast? Von was würdest Du dieses Jahr gerne loslassen, an dem Du letztes Jahr so stark festgehalten hast? Was möchtest Du in Deinem Leben verändern? Bist Du dazu bereit, die Arbeit zu leisten, die diese Veränderungen herbeiführen wird?

*Unsere
spirituelle Entwicklung
geht oft Wege,
die wir
nicht erwarten.*

ÖFFNUNG ZUM NEUEN

Ich öffne neue Türen ins Leben

Du stehst im Korridor des Lebens, und hinter Dir haben sich so viele Türen geschlossen. Dinge, die Du nicht mehr machst oder sagst oder denkst. Erfahrungen, die Du nicht mehr machst. Vor Dir befindet sich ein endloser Korridor von Türen, und jede öffnet sich einer neuen Erfahrung. Auf diese Weise entfernst Du Dich von der Vergangenheit. Während Du weitergehst, sieh Dich selbst, wie Du verschiedene Türen öffnest, die zu wundervollen Erfahrungen führen, die Du gerne machen würdest. Vertraue darauf, daß Dein innerer Führer Dich so führt und lenkt, wie es für Dich am besten ist, und daß Deine spirituelle Entwicklung ständig fortschreitet. Ganz gleich, welche Türe sich öffnet oder schließt, Du bist immer in Sicherheit. Du bist ewig. Du wirst bis in alle Ewigkeit von einer Erfahrung zur anderen gehen. Sieh, wie Du Türen zu Zuständen wie Freude, Frieden, Heilung, Wohlstand und Liebe öffnest. Türen, die zu Verständnis, Mitgefühl und Vergebung führen. Türen in die Freiheit. Türen, die zu Selbstwertgefühl und Selbstachtung führen. Türen zur Selbstliebe. Es liegt alles ausgebreitet vor Dir. Welche Türe wirst Du zuerst öffnen? Denke daran, Du bist in Sicherheit. Es handelt sich nur um eine Veränderung.

*Angst
wird dadurch erzeugt,
daß Du
nicht darauf vertraust,
daß das Leben
für Dich da ist.
Wenn Du das nächste
Mal Angst hast,
sage Dir:
»Ich hab Vertrauen,
daß das Leben
für mich sorgt.«*

Alle meine Erfahrungen sind für mich richtig

Wir gehen durch Türen seit dem Augenblick unserer Geburt. Das war eine große Tür und eine große Veränderung. Wir sind auf diesen Planeten gekommen, um das Leben dieses Mal hier zu erfahren. Wir haben uns unsere Eltern ausgesucht, und wir sind seither durch viele Türen gegangen. Wir kamen gut ausgestattet hierher, mit allem in uns, was wir benötigen, um dieses Leben in seiner ganzen Fülle zu leben. Wir haben die ganze Weisheit. Wir haben das ganze Wissen. Wir haben alle Fähigkeiten und alle Talente. Wir haben all die Liebe und all die Gefühle, die wir benötigen. Das Leben ist dafür da, uns zu unterstützen und sich um uns zu kümmern, und wir müssen dies wissen und vertrauen, daß es so ist. Türen schließen sich ständig und öffnen sich ständig, und wenn wir in uns selbst ruhen, sind wir immer in Sicherheit, ganz gleich, durch welche Tür wir gehen. Selbst wenn wir durch die letzte Tür auf diesem Planeten treten, ist es nicht das Ende. Es ist der Anfang zu einem neuen Abenteuer. Laßt uns also wissen, daß wir immer in Sicherheit sind. Es ist in Ordnung, Veränderung zu erfahren. Heute ist ein neuer Tag. Wir werden viele wunderbare, neue Erfahrungen machen. Wir sind in Sicherheit. Und so ist es.

*Wir funktionieren
mit zehn Prozent
unseres Gehirns.
Für was
sind die anderen
neunzig Prozent?
Denke darüber nach.
Wieviel mehr
könnten wir wissen?*

Ich lasse meine Probleme los und schlafe friedlich

Schlaf ist eine Zeit, in der wir uns regenerieren und den Tag zu Ende bringen. Unsere Körper bauen sich wieder auf und werden erneuert und aufgefrischt. Unser Geist geht in den Traumzustand ein, wo die Probleme des Tages gelöst werden. Wir bereiten uns auf den vor uns liegenden neuen Tag vor. Während wir in den Schlafzustand eintreten, wollen wir positive Gedanken mitnehmen, Gedanken, die einen wundervollen, neuen Tag und eine wunderbare, neue Zukunft erschaffen werden. Wenn Du also Wut oder Tadel in Dir spürst, laß davon los. Wenn Groll oder Angst vorhanden sind, laß davon los. Wenn Eifersucht oder Leidenschaft in Dir sind, laß davon los. Wenn Schuldgefühle oder das Bedürfnis nach Bestrafung in den Ecken Deines Geistes verweilen, laß davon los. Empfinde nur Frieden in Deinem Geist und Körper, während Du in den Schlaf gleitest.

*Schuldgefühl
haben noch nie
dazu geführt,
daß sich jemand
wohler fühlt
oder daß eine Situation
sich verändert.
Höre auf,
Dich schuldig zu fühlen.
Befreie Dich
aus dem Gefängnis.*

Ich vergebe mir alle meine Fehlhandlungen

So viele von Euch leben unter einer dicken Wolke von Schuldgefühlen. Du hast immer das Gefühl, daß Du im Unrecht bist. Du machst es nicht richtig. Du entschuldigst Dich dauernd. Du willst Dir nicht für etwas vergeben, was Du in der Vergangenheit getan hast. Du manipulierst andere, so wie Du einst manipuliert worden bist. Schuldgefühle lösen gar nichts. Wenn Du wirklich etwas in der Vergangenheit getan hast, was Dir leid tut, dann hör auf damit! Wenn Du etwas wiedergutmachen kannst bei der anderen Partei, dann tue es. Wenn nicht, dann tue es nicht wieder. Schuldgefühle halten Ausschau nach Bestrafung, und Bestrafung erzeugt Leid. Vergib Dir selbst und vergib anderen. Tritt heraus aus Deinem selbstauferlegten Gefängnis.

*Wir sind nie quitt.
Rache funktioniert nicht,
weil das,
was Du aussendest,
immer zu Dir zurückkommt.
Höre auf,
den Schwarzen Peter
immer hin- und
herzuschieben.*

SELBSTGERECHTER GROLL

*Ich lasse von allen alten Kränkungen los
und vergebe mir selbst*

Wenn Du voller Verbitterung und Wut an der Vergangenheit festhältst und Dir selbst nicht erlaubst, den gegenwärtigen Augenblick zu erfahren, verschwendest Du das Heute. Wenn Du an Verbitterung und Groll über längere Zeit festhältst, hat das mit Selbstvergebung zu tun, nicht mit der Vergebung einer anderen Person gegenüber. Wenn Du an alten Kränkungen festhältst, bestrafst Du Dich selbst im Hier und Jetzt. Oftmals sitzt Du in einem Gefängnis von selbstgerechtem Groll. Willst Du recht haben, oder willst Du glücklich sein? Vergib Dir und hör damit auf, Dich selbst zu bestrafen.

*Schau in den Spiegel
und sage:
»Ich liebe und ich akzeptiere mich,
genauso wie ich bin.«
Was steigt auf
in Deinem Geist?
Beobachte,
wie Du dich dabei fühlst.
Dies könnte vielleicht
der Kern
Deines Problems sein.*

SICH ANNEHMEN

Ich nehme alle Teile von mir an

Der umfassendste Teil des Heilens oder unseres Ganzwerdens besteht darin, alles an uns anzunehmen, all die verschiedenen Teile von uns selbst. Die Zeiten, in denen es uns gut ging, und die Zeiten, in denen es uns weniger gut ging. Die Zeiten, in denen wir voller Angst waren, und die Zeiten, in denen wir voller Liebe waren. Die Zeiten, in denen wir sehr dumm und töricht waren, und die Zeiten, in denen wir sehr klar und klug waren. Die Zeiten, in denen wir der Verlierer waren, und die Zeiten, in denen wir der Gewinner waren. Dies alles sind Teile von uns selbst. Die meisten unserer Probleme rühren daher, daß wir Teile von uns selbst ablehnen, uns nicht vollständig und bedingungslos lieben. Laßt uns nicht mit Scham auf unser Leben zurückblicken. Seht die Vergangenheit als die Herrlichkeit und die Fülle des Lebens. Ohne diese Herrlichkeit und diese Fülle wären wir heute nicht hier. Wenn wir alles an uns annehmen, werden wir ganz und heil.

*Wenn Du Dich nicht
vollständig, gänzlich
und völlig liebst,
dann hast Du
irgendwann einmal gelernt,
dies nicht zu tun.
Du kannst wieder umlernen.
Ab jetzt
beginne, zu Dir selbst
gut zu sein.*

SICH ANNEHMEN

Ich nehme alles an, was ich für mich selbst geschaffen habe

Ich liebe und akzeptiere mich genauso, wie ich bin. Ich unterstütze mich, vertraue mir und akzeptiere mich, wo immer ich auch sein mag. Ich kann in der Liebe meines Herzens verweilen. Ich lege meine Hand auf mein Herz und spüre die Liebe, die in meinem Herzen ist. Ich weiß, daß es viel Raum für mich gibt, mich hier und jetzt anzunehmen. Ich nehme meinen Körper an, mein Gewicht, mein Aussehen, meine Sexualität und meine Erfahrungen. Ich nehme alles an, was ich für mich selbst geschaffen habe. Meine Vergangenheit und meine Zukunft. Ich bin bereit, meine Zukunft geschehen zu lassen. Ich bin ein Göttlicher, Wunderbarer Ausdruck des Lebens und ich verdiene das Allerbeste. Ich akzeptiere dies jetzt für mich selbst. Ich akzeptiere, daß es Wunder gibt. Ich akzeptiere Heilung. Ich akzeptiere Ganzheit. Und vor allem akzeptiere ich mich selbst. Ich bin kostbar, und ich lege großen Wert auf das, was ich bin. Und so ist es.

*Entscheide Dich,
daran zu glauben,
daß es leicht ist,
einen Gedanken
oder ein Verhaltensmuster
zu verändern.*

Ich habe immer die Wahl

Die meisten von uns haben törichte Ideen darüber, wer sie sind, und viele starre Regeln in bezug darauf, wie das Leben gelebt werden *soll.* Laßt uns das Wort »sollen« für immer aus unserem Vokabular streichen. *Sollen* ist ein Wort, das uns zum Gefangenen macht. Jedesmal, wenn wir das Wort *sollen* benützen, drücken wir aus, daß wir im Unrecht sind oder daß jemand anders im Unrecht ist. Wir sagen tatsächlich: *»Wir sind nicht gut genug.«* Was kann jetzt aus Deiner *Sollen*-Liste gestrichen werden? Ersetze das Wort *»sollen«* durch *»können«*. *Können* läßt Dich wissen, daß Du die Wahl hast, und das bedeutet Freiheit. Wir müssen uns darüber im klaren sein, daß alles, was wir im Leben tun, von uns so ausgesucht wurde. Es gibt wirklich nichts, was wir tun müssen. Wir haben immer die Wahl.

*Glück ist,
ein gutes Gefühl
zu sich selbst
zu haben.*

Ich kann machen, was ich will

Ich bin jetzt erwachsen! Ich kann alles tun, was ich möchte. Wann immer ich das tue, was ich tun möchte, passiert mir etwas Wunderbares. Zu jemandem anderen »*nein*« zu sagen kann für mich fördernd sein. Während ich für mich selbst sorge, finde ich mehr Spaß in meiner Weit. Es ist mir gestattet, Spaß zu haben. Je mehr Spaß ich habe, desto mehr lieben mich die anderen Menschen. Ich liebe mich und erkenne mich an. Ich habe ein gutes Gefühl zu mir selbst. Alles ist in Ordnung in meiner Welt voller Spaß.

*Wir sind
auf einer endlosen Reise
durch die Ewigkeit.
Wir haben ein Leben
nach dem anderen.
Das, was wir
in einem Leben
nicht aufarbeiten,
werden wir
in einem anderen tun.*

Es gibt keinen Tod

Man kann uns unseren Geist nie wegnehmen, denn er ist der Teil von uns, der ewig ist. Kein Streit kann ihn uns nehmen. Keine Krankheit kann ihn uns nehmen. Keine zu Ende gegangene Beziehung kann ihn uns nehmen. Der Tod kann ihn uns nicht nehmen, denn der Geist ist ewig. Er ist der Teil von uns, der immer währt. Alle Menschen, die wir kennen, die den Planeten verlassen haben, sind als reine Essenz und reiner Geist noch immer hier. Das waren sie schon immer, das sind sie auch jetzt und das werden sie immer sein. Es stimmt, daß wir uns nicht wieder mit ihren physischen Körpern verbinden werden, aber wenn wir unsere Körper verlassen, werden wir uns geistig verbinden. Es gibt keinen Verlust. Es gibt keinen Tod. Es gibt nur einen ewigen Kreislauf von Energien, eine Verwandlung der Form. Wenn wir uns mit unserem Geist verbinden, transzendieren wir alles Geringfügige. Unser Verständnis ist unendlich groß. Unser Geist, unsere Seele, die Essenz dessen, der wir wirklich sind, ist immer in Sicherheit, immer sorgenfrei und immer lebendig. Und so ist es.

*Eine Tragödie
kann sich
als größtes Geschenk
entpuppen,
wenn wir ihr
so begegnen,
daß wir daraus
wachsen können.*

Ich lasse das Licht meiner Liebe leuchten

Wenn wir leiden, uns fürchten oder trauern, und wir dann ein Licht in der Dunkelheit sehen, fühlen wir uns nicht so einsam. Laßt uns dieses Licht als die leuchtende Liebe von einem anderen erkennen. Sie spendet uns Wärme und Trost. Jeder von uns trägt das Licht seiner Liebe in sich. Wir können unser Licht leuchten lassen, damit es uns tröstet und auch ein großer Trost für andere ist. Wir alle kennen Menschen, die verstorben sind. Seht nur, wie ihr Licht jetzt leuchtet, und laßt ihr Licht und ihre Liebe uns umgeben und uns trösten. Jeder von uns kann aus einem unerschöpflichen Vorrat Liebe verteilen. Ja, manchmal schmerzt es zu fühlen, aber Gott sei Dank können wir fühlen. Laßt die Liebe aus unseren Herzen strahlen. Seid getröstet und in Frieden. Und so ist es.

*Wenn wir
in irgendeinem Bereich
eine zwanghafte
Angewohnheit haben,
sollten wir,
anstatt zu denken,
wie schrecklich wir sind,
erkennen,
daß es in unserem Bewußtsein
eine Notwendigkeit
für diesen Zustand gibt.
Sonst würde er nicht
vorhanden sein.*

Ich bin sicher und gut aufgehoben in meiner Welt

Übergewicht hat schon immer Schutz bedeutet. Wenn Du Dich unsicher oder ängstlich fühlst, polsterst Du Dich mit Schutz. Die meisten von Euch verbringen ihre Zeit damit, wütend auf sich zu sein, weil sie dick sind, und haben Schuldgefühle wegen des Essens. Gewicht hat nichts mit dem Essen zu tun. Es gibt etwas in Deinem Leben, was Dich unsicher macht. Du kannst zwanzig Jahre lang gegen das Fett kämpfen und noch immer dick sein, weil Du Dich nicht mit der Ursache befaßt hast. Wenn Du übergewichtig bist, solltest Du das Gewichtsproblem beiseite legen und Dich mit dem anderen Problem zuerst befassen, mit dem Muster, das sagt: *»Ich brauche Schutz.« »Ich bin unsicher.«* Werde nicht wütend, wenn Du zunimmst, denn unsere Zellen reagieren auf gedankliche Muster. Wenn das Bedürfnis nach Schutz nicht mehr vorhanden ist oder wenn wir anfangen, uns sicher zu fühlen, wird das Fett von selbst wegschmelzen. Beginne zu sagen: *»Ich hatte früher ein Gewichtsproblem.«* Du wirst anfangen, das Muster zu ändern. Was Du heute denkst, wird morgen anfangen, Deine neue Figur zu erschaffen.

*Menschen,
die süchtig sind,
laufen meistens
vor sich weg
und benutzen
irgendeine Art Sucht,
um die innere Leere
zu füllen.*

ÜBERGEWICHT

Ich bin bereit, meine Ängste loszulassen

Wenn Du übergewichtig bist, kannst Du den stärksten Willen und die größte Disziplin der Welt haben und alle möglichen Diäten machen. Du kannst wirklich stark sein und monatelang keinen Bissen *verbotener* Speise essen. Unglücklicherweise jedoch nimmst Du genau in dem Moment wieder zu, wo Du Deine Willensstärke und Disziplin aufgibst. Das geschieht deshalb, weil Du Dich nicht mit dem wahren Problem befaßt hast. Du hast lediglich an der äußeren Wirkung gearbeitet. Das wirkliche Problem bei Übergewicht ist meistens Angst, die Fett als Schutz erzeugt. Du kannst das Fett Dein ganzes Leben lang bekämpfen und nie zum wirklichen Problem kommen. Du könntest wahrscheinlich in dem Glauben sterben, daß Du nicht gut genug warst, weil Du nicht abnehmen konntest. Dein Bedürfnis nach Sicherheit könnte jedoch auf positivere Art befriedigt werden, und dann würde das Übergewicht von selbst verschwinden. Sage: *»Ich bin bereit, das Bedürfnis nach meinem Gewichtsproblem loszulassen. Ich bin bereit, die Angst loszulassen. Ich bin bereit, das Bedürfnis nach diesem Schutz loszulassen. Ich bin in Sicherheit.«*

*Das Leben
ist sehr einfach.
Jeder von uns
erschafft seine
Erfahrungen
aus seinen Denk-
und Gefühlsmustern.
Das, was wir
über uns selbst
und das Leben glauben,
wird für uns wahr.*

ÜBERZEUGUNGEN

*Ich erschaffe wunderbare,
neue Überzeugungen für mich selbst*

Hier sind einige Überzeugungen, die ich im Laufe der Zeit für mich entdeckt habe und die wirklich für mich funktionieren:

> Ich bin immer in Sicherheit.
> Alles, was ich wissen muß, wird mir offenbart.
> Alles, was ich brauche, kommt zu mir
> zum richtigen Zeitpunkt, am richtigen Ort
> und in der richtigen Reihenfolge.
> Das Leben ist eine Freude und ist voller Liebe.
> Ich gedeihe, wohin auch immer ich mich wende.
> Ich bin bereit, mich zu ändern und zu wachsen.
> Alles in meiner Welt ist in Ordnung.

*Uns widerstrebt
das am meisten,
was wir am meisten
lernen müssen.
Wenn Du mit
»Ich kann nicht« oder
»Ich werde nicht« fortfährst,
bezieht sich dies
wahrscheinlich
auf eine Lektion,
die für Dich wichtig ist.*

Ich bin wunderbar
und ich fühle mich großartig

Das Umprogrammieren von negativen Glaubensmustern ist eine sehr starke Sache. Eine gute Art, dies zu tun, ist es, eine Tonbandaufnahme mit Deiner Stimme zu machen. Mache eine Kassette mit Deinen Affirmationen und spiele sie dann ab. Sie wird für Dich sehr wertvoll sein. Wenn Du eine Kassette haben willst, die noch stärker in ihrer Wirkung ist, solltest Du Deine Mutter bitten, Dir eine zu machen. Kannst Du Dir vorstellen, mit der Stimme Deiner Mutter einzuschlafen, die Dir sagt, wie wunderbar Du bist, wie sehr sie Dich liebt, wie stolz sie auf Dich ist, und daß sie weiß, daß Du alles auf dieser Welt sein kannst?

*Um das Unbewußte
neu zu programmieren,
mußt Du Deinen
Körper entspannen,
die Spannung freisetzen,
die Emotionen loslassen.
Bringe Dich in einen Zustand
von Offenheit
und Empfänglichkeit.
Du bist immer Herr der Lage.
Du bist immer in Sicherheit.*

Mein Leben ist eine Freude

Dein Unbewußtes kann weder wahr von unwahr, noch richtig von falsch unterscheiden. Sage nie so etwas wie: *»Ach, ich Einfallspinsel«*, weil das Unbewußte dies sofort aufschnappt. Wenn Du das eine Weile gesagt hast, fängst Du an, Dich auch so zu fühlen. Du fängst an, das zu glauben, was Du sagst. Mache keine Witze über Dich selbst, verurteile Dich nicht, und mache keine abfälligen Bemerkungen über Dein Leben, weil das keine guten Erfahrungen für Dich erschaffen wird.

*Du kannst Deine Zeit
damit verbringen,
über schiefgegangene Dinge
zu meckern und zu murren
oder Dir einzureden,
daß Du nicht gut genug bist.
Du kannst Deine Zeit auch
damit verbringen,
über Deine glücklichen Erfahrungen
nachzudenken.
Dich selbst lieben
und freudige, glückliche Gedanken
zu haben
ist der schnellste Weg,
um Dir ein wundervolles Leben
zu erschaffen.*

Ich habe ein unbegrenztes Potential

In der Unendlichkeit des Lebens, in der wir uns alle aufhalten, ist alles vollkommen, ganz und vollendet. Wir sind überglücklich in dem Wissen, daß wir eins sind mit der Kraft, die uns erschaffen hat. Diese Kraft liebt alle ihre Kreationen, uns eingeschlossen. Wir sind die geliebten Kinder des Universums, und uns wurde alles gegeben. Wir sind die höchste Lebensform auf dem Planeten, und wir sind mit allem ausgestattet, was wir für jede zukünftige Erfahrung brauchen. Unser Geist ist immer mit dem Einen Unendlichen Geist verbunden. Deswegen steht uns alles Wissen und alle Weisheit zur Verfügung, wenn wir nur daran glauben. Wir haben das Vertrauen, daß wir für uns nur das erschaffen, was für uns das Allerbeste ist, die größte Freude, und was für unser spirituelles Wachstum und unsere Entwicklung vollkommen ist. Wir lieben das in uns, was wir wirklich sind. Wir sind ganz besonders erfreut über die Inkarnation, die wir in diesem Leben gewählt haben. Wir wissen, daß wir unsere Persönlichkeit von einem Augenblick zum anderen formen und umformen können und sogar dasselbe mit unserem Körper tun können, um unser größtes Potential zum Ausdruck zu bringen. Wir sind überglücklich über unsere Grenzenlosigkeit und wissen, daß in allen Bereichen die Gesamtheit aller Möglichkeiten vor uns liegt. Wir haben vollstes Vertrauen in die Eine Kraft, und wir wissen, daß alles in unserer Welt in Ordnung ist. So sei es!

*Wir erschaffen Situationen,
und dann geben wir
unsere Kraft weg,
indem wir
einem anderen Menschen
die Schuld
an unseren Frustrationen geben.
Weder Menschen,
noch Orte, noch Dinge
haben irgendwelche Macht
über uns.
Wir sind
die einzigen Denker
in unserem Geist.*

UNFÄLLE

Ich drücke mich auf positive Art und Weise aus

Wenn du in einen Unfall verwickelt bist und du derjenige bist, der angefahren worden ist, verhält es sich meistens so, daß Du Dich auf einer tieferen Ebene schuldig fühlst und vielleicht das Bedürfnis hast, bestraft zu werden. Es könnte sich hierbei um unterdrückte Feindseligkeit handeln, das Gefühl, daß du kein Recht hast, für Dich einzutreten. Wenn Du jemanden anfährst, hast Du es oftmals mit nicht ausgedrückter Wut zu tun. Die Situation gibt Dir die Möglichkeit, Deine Wut auszudrücken. Auf einer tieferen Ebene laufen immer noch mehr Dinge in Dir ab. Ein Unfall ist mehr als ein Unfall. Wenn ein Unfall stattfindet, solltest Du nach innen schauen, um Deine eigenen Muster zu erkennen, und dann der anderen Person Liebe zusenden und das ganze Erlebnis loslassen.

*Hol
ganz tief Luft
und laß
den Widerstand
los.*

DIE URSACHE LOSLASSEN

*Ich bin bereit, das Bedürfnis nach
diesem Zustand loszulassen*

Ganz gleich, wie lange Deine negativen Glaubensmuster in Deinem Unterbewußtsein waren, bestätige jetzt, daß Du frei von ihnen bist. Bekräftige, daß Du bereit bist, die Ursachen, die Muster in Deinem Bewußtsein loszulassen, die jetzt irgendwelche negativen Bedingungen in Deinem Leben erzeugen. Bekräftige, daß Du jetzt bereit bist, das Bedürfnis nach diesen Bedingungen loszulassen. Sei Dir bewußt, daß sie verschwinden, verblassen und sich in dem Nichts, aus dem sie einst kamen, wieder auflösen. Der alte Gedankenmüll kann Dich nicht länger festhalten. Du bist frei! Und so ist es.

*Wie gehst Du jetzt
mit älteren Menschen um?
Was Du jetzt aussendest,
wirst Du im Alter
zurückbekommen.*

Ich habe liebendes Mitgefühl für meinen Vater

Wenn Du irgendwelche negativen Gefühle mit Deinem Vater laufen hast, mache im Geiste eine Meditation und rede mit ihm, damit Du alte Geschichten bereinigen kannst. Vergib ihm und vergib Dir selbst. Sage ihm, daß Du ihn liebst. Räume Deinen Geist auf, damit Du dahin kommst, daß Du das Gefühl hast, mehr wert zu sein.

*Was im Moment
wichtig ist,
ist das, was Du
jetzt denken, glauben
und sagen möchtest.
Diese Gedanken und Worte
werden Deine Zukunft erschaffen.
Deine Gedanken erschaffen
die Erfahrungen von morgen,
von nächster Woche,
vom nächsten Monat
und vom nächsten Jahr.*

Es ist nur ein Gedanke, und einen Gedanken kann man ändern

Wie oft hast Du Dich geweigert, einen positiven Gedanken über Dich selbst zu denken? Nun, Du kannst Dich ebenso gut weigern, negative Gedanken über Dich selbst zu haben. Leute sagen: »*Ich kann nicht aufhören, diesen Gedanken zu denken.*« Doch, das kannst Du. Du mußt Dich dafür entscheiden, daß Du das tun wirst. Wenn jene negative Stimme hochkommt, kannst Du sagen: »*Danke für die Mitteilung.*« Du gibst dem negativen Gedanken nicht Deine Kraft, und trotzdem leugnest Du nicht seine Anwesenheit. Du sagst: »*Also gut, du bist da, und ich danke dir für die Mitteilung, und ich entscheide mich, etwas anderes zu tun. Ich will mich darauf nicht mehr einlassen, ich will mir eine andere Denkweise erschaffen.*« Bekämpfe nicht Deine Gedanken. Erkenne sie und transzendiere sie.

*Um Dein äußeres Leben
zu verändern,
mußt Du Dich
im Innern verändern.
In dem Augenblick,
wo Du bereit bist,
Dich zu ändern,
ist es erstaunlich,
wie das Universum anfängt,
Dir zu helfen.
Es bringt Dir,
was Du brauchst.*

VERÄNDERUNG

Alle meine Veränderungen lassen sich mühelos bewerkstelligen

Wenn wir anfangen, an uns zu arbeiten, verschlechtern sich oft die Dinge, bevor sie sich verbessern. Es ist in Ordnung, wenn das geschieht; das ist der Anfang des Prozesses. Man entwirrt alte Fäden. Gehe einfach mit. Es erfordert Zeit und Mühe, um das zu lernen, was wir lernen müssen. Verlange nicht unmittelbare Veränderung. Ungeduld ist nur Widerstand gegen das Lernen. Es bedeutet, daß Du das Ziel erreichen willst, ohne durch den Prozeß zu gehen. Laß zu, daß Du ihn Schritt für Schritt durchläufst. Es wird immer leichter, je weiter du gehst.

*Sage zu Dir selbst:
»Ich bin bereit,
mich zu verändern.«
Zögerst Du?
Hast Du das Gefühl,
es ist nicht wahr?
Welche Überzeugung
hindert Dich daran?
Denke daran,
daß es nur ein Gedanke ist,
und ein Gedanke
kann geändert werden.*

Wenn eine Tür zugeht, geht eine andere auf

Das Leben setzt sich zusammen aus einer Reihe von Türen, die zugehen und aufgehen. Wir laufen von einem Raum in den anderen und machen dabei unterschiedliche Erfahrungen. Viele von uns möchten gern einige Türen schließen, die zu negativen Mustern, alten Blockaden und zu Dingen führen, die für uns nicht mehr nahrhaft oder nützlich sind. Viele von uns sind dabei, neue Türen zu öffnen, wobei wir wunderbare, neue Erfahrungen vorfinden, manchmal eine Lernerfahrung und manchmal eine freudige Erfahrung. Es ist alles ein Teil des Lebens, und es ist wichtig zu wissen, daß wir wirklich sicher sind. Es handelt sich nur um Veränderung. Von der allererstem Tür, die wir öffnen, wenn wir auf diesen Planeten kommen, bis zur allerletzten Türe, wenn wir diesen Planeten verlassen, sind wir immer in Sicherheit. Es handelt sich nur um Veränderung. Wir sind in Frieden mit unserem inneren Wesen. Wir sehen uns als sicher, geschützt und geliebt. Und so ist es.

*Sanfte,
bestimmte Beharrlichkeit
und Beständigkeit
bei dem,
was du denken möchtest,
wird dazu führen,
daß die Veränderungen
sich schnell und mühelos
manifestieren.*

Ich bin bereit, mich zu verändern

Falte die Hände. Welcher Daumen ist oben? Löse sie und falte sie noch einmal, aber mit dem anderen Daumen obenauf. Wie fühlt sich das an? Anders? Vielleicht hast Du das Gefühl von *falsch*. Löse die Hände wieder und falte sie anders, dann wieder wie beim zweiten Mal, dann wie beim ersten Mal. Wie fühlt sich das jetzt an? Nicht ganz so *falsch*? Es verhält sich genauso bei jedem neuen Muster, das Du lernst. Du brauchst etwas Übung. Es könnte sein, daß Du etwas zum ersten Mal machst und sagst: *»Nein, das ist nicht richtig.«* Wenn Du es dann nie wieder tust, würdest Du Dich gleich wieder wohl fühlen. Wenn Du aber bereit bist, etwas zu üben, wirst Du feststellen, daß Du das Neue machen kannst. Wenn etwas so Wichtiges auf dem Spiel steht, wie *sich selbst zu lieben*, zahlt es sich wirklich aus, etwas zu üben.

*Wenn wir
bereit sind,
positive Veränderungen
in unserem Leben
vorzunehmen,
ziehen wir
alles an, was wir
als Hilfe benötigen.*

Ich bin bereit, mich zu verändern und zu wachsen

Ich bin bereit, neue Dinge zu lernen, da ich nicht alles weiß. Ich bin bereit, alte Konzepte aufzugeben, wenn sie für mich nicht mehr funktionieren. Ich bin bereit, Situationen, die mit mir zu tun haben, zu erkennen und zu sagen: *»Das will ich nicht mehr machen.«* Ich weiß, daß ich mehr von dem sein kann, der ich bin. Nicht ein besserer Mensch, denn das impliziert, daß ich nicht gut genug bin, aber ich kann mehr von dem werden, der ich bin. Wachsen und Sichverändern ist aufregend, selbst wenn ich in mir einige schmerzhafte Dinge anschauen muß, um dies zu tun.

*Es ist
sehr bequem,
das Opfer zu spielen,
weil die Schuld
dann immer
beim anderen liegt.
Du mußt
auf eigenen Füßen
stehen
und Verantwortung
übernehmen.*

Ich habe die Kraft,
Veränderungen herbeizuführen

Es gibt einen Unterschied zwischen Verantwortung und Schuld. Wenn wir über Verantwortung reden, reden wir in Wirklichkeit darüber, *Macht zu haben*. Wenn wir über Schuld sprechen, sprechen wir darüber, den anderen ins *Unrecht zu setzen*. Verantwortung ist ein Geschenk, weil es Dir die Macht gibt, Veränderungen herbeizuführen. Unglücklicherweise wollen manche Menschen es als Schuld interpretieren. Solche Menschen akzeptieren normalerweise alles auf die eine oder andere Art als Schuldspiel. Es ist einfach eine andere Art, sich selbst ins Unrecht zu setzen. Ein Opfer zu sein ist auf einer Ebene wunderbar, denn dann sind alle anderen verantwortlich, und wir bekommen nicht die Gelegenheit, etwas zu verändern. Wenn Menschen darauf bestehen, sich schuldig zu fühlen, können wir nicht viel machen. Entweder akzeptieren sie die Information, oder sie tun es nicht. Laß sie einfach in Ruhe. Wir sind nicht dafür verantwortlich, daß sie sich schuldig fühlen.

*Wie oft greifst Du
in den geistigen Müll
von gestern,
um die Erfahrungen
von morgen
zu erschaffen?
Du solltest regelmäßig
jenen geistigen
Hausputz machen
und den alten Schund
oder die Dinge,
die Dir nicht mehr gefallen
oder Dir nicht mehr passen,
rausschmeißen.
Du willst die Ideen,
die positiv und gut sind
und die Dich nähren,
aufpolieren und öfters benützen.*

DIE VERGANGENHEIT LOSLASSEN

*Ich lasse mühelos von der Vergangenheit los
und vertraue dem Lebensprozeß*

Schließe die Pforten zu alten, schmerzhaften Erinnerungen. Schließe die Pforten zu alten Schmerzen, alter selbstgerechter Unversöhnlichkeit. Nimm ein Ereignis aus der Vergangenheit, das Schmerz und Verletztheit bedeutet hat, etwas, das Du schlecht vergeben oder anschauen kannst. Frage Dich: *»Wie lange will ich daran festhalten? Wie lange will ich wegen etwas, das in der Vergangenheit geschehen ist, leiden?«* Stell Dir jetzt einen Bach vor und nimm diese Erfahrung, diese Verletzung, diesen Schmerz, diese Unversöhnlichkeit und wirf das ganze Ereignis in den Bach und sieh, wie es anfängt, sich aufzulösen und bachabwärts zu fließen, bis es sich völlig aufgelöst hat und verschwindet. Du hast tatsächlich die Fähigkeit loszulassen. Du bist frei. Und so ist es.

*Wir müssen nicht wissen,
wie man vergibt.
Wir müssen nur
bereit sein
zu vergeben.
Das Universum
wird sich
um das Wie kümmern.*

Ich verzeihe alle vergangenen Erfahrungen

An wen denkst Du, wenn das Wort *Vergebung* fällt? Welche Menschen oder welche Erfahrungen wirst Du nie vergessen, nie entschuldigen? Was bindet Dich an die Vergangenheit? Wenn Du Dich weigerst zu vergeben, hältst Du an der Vergangenheit fest, und es ist Dir unmöglich, in der Gegenwart zu sein. Erst wenn Du in der Gegenwart bist, kannst Du die Zukunft erschaffen. Vergebung ist ein Geschenk an Dich selbst. Sie befreit Dich von der Vergangenheit, der vergangenen Erfahrung und den vergangenen Beziehungen. Sie erlaubt Dir, in der Gegenwart zu leben. Wenn Du Dir selbst und anderen vergibst, bist Du in der Tat frei. Aus der Vergebung entsteht ein ungeheures Gefühl der Freiheit. Oftmals mußt Du Dir selbst dafür vergeben, daß Du schmerzhafte Erfahrungen zugelassen hast und Dich selbst nicht genug liebtest, um Dich von solchen Erfahrungen fernzuhalten. Liebe Dich also, vergib Dir, vergib anderen und lebe im Augenblick. Sieh, wie alte Bitterkeit und alter Schmerz von Deinen Schultern abfallen, während Du losläßt, und wie die Türen Deines Herzens sich öffnen. Wenn Du aus der Liebe lebst, bist Du immer in Sicherheit. Vergib allen. Vergib Dir selbst. Verzeih alle vergangenen Erfahrungen. Du bist frei.

*Was immer
da draußen geschieht,
es ist alles
nur ein Spiegelbild
unseres eigenen
inneren Denkens.*

Ich vertraue der Intelligenz in mir

Es gibt eine Intelligenz. Sie ist überall gleichermaßen anwesend. Diese Intelligenz ist in Dir und in allem, nach dem Du trachtest. Wenn Du Dich verirrst oder etwas verlierst, fange nicht damit an: *»Ich bin am falschen Ort, ich werde den Weg nicht finden.«* Hör damit auf. Wisse, daß die Intelligenz in Dir und die Intelligenz in dem, was Du suchst, die Kraft hat, Euch jetzt zusammenzubringen. Nichts geht im Göttlichen Geist verloren. Vertraue dieser Intelligenz in Dir.

*Daß Du
anderen Menschen
nicht vertraust,
liegt daran, daß Du
nicht für Dich selbst da bist.
Du unterstützt Dich nicht.
Du stehst Dir selbst nicht bei.
Wenn Du wirklich anfängst,
für Dich selbst dazusein,
dann wirst Du Dir vertrauen.
Wenn Du Dir selbst vertraust,
vertraust Du auch
anderen Menschen.*

VERTRAUEN

Ich bin mit der Höheren Energie verbunden

Jetzt ist es an der Zeit, daß Du von Deiner eigenen Kraft erfährst und wozu Du fähig bist. Was kannst Du loslassen? Was kannst Du in Dir nähren? Was kannst Du neu erschaffen? Die Weisheit und Intelligenz des Universums steht Dir zur Verfügung. Das Leben ist da, um Dich zu unterstützen. Wenn Du Angst bekommst, denke an Deinen Atem und sei Dir bewußt, wie jeder Atemzug in Deinen Körper hineinströmt und aus Deinem Körper herausfließt. Dein Atem ist die wertvollste Substanz in Deinem Leben, und er wird Dir großzügig geschenkt. Du hast soviel wie Du brauchst, um zu leben. Wenn diese wertvollste Substanz Dir so großzügig geschenkt wird, daß Du sie ohne nachzudenken annehmen kannst, ist es Dir dann nicht möglich, dem Leben zu vertrauen, daß es Dich auch mit den anderen Dingen versorgt, die Du brauchst?

*Sich selbst lieben
und gutheißen,
einen Raum der Sicherheit
in sich selbst schaffen,
sich vertrauen, würdig sein
und sich akzeptieren
könnte einen klaren Geist schaffen,
mehr liebevolle Beziehungen anziehen,
zu einer neuen Beschäftigung führen
und sogar Dein Körpergewicht
normalisieren.*

Dieser Tag ist ein Tag der Vollendung

Jeder Augenblick meines Lebens ist vollkommen, ganz und vollendet. Mit Gott an meiner Seite ist nichts je unvollendet. Ich bin eins mit der Unendlichen Kraft, mit der Unendlichen Weisheit, mit dem Unendlichen Wirken und mit der Unendlichen Einheit. Ich wache mit einem Gefühl von Erfüllung auf in dem Wissen, daß ich alles, was ich heute unternehme, vollenden werde. Jeder Atemzug ist voll und vollendet. Jede Szene, die ich sehe, ist in sich vollendet. Jedes Wort, das ich spreche, ist gewichtig und vollendet. Jede Aufgabe, die ich annehme, oder jeder Teil jener Aufgabe wird zu meiner Zufriedenheit zu Ende geführt. Ich kämpfe nicht alleine in der Wildnis des Lebens. Ich lasse los von jeglichem Glauben an Kampf und Widerstand. Ich weiß und bekräftige, daß ich eins bin mit der Unendlichen Kraft, und deswegen wird mir mein Weg leicht und eben gemacht. Ich nehme die Unterstützung meiner vielen unsichtbaren Freunde an, die immer bereit sind, mich zu leiten und zu führen, wenn ich zulasse, daß sie mir helfen. Alles in meinem Leben und in meiner Arbeit ergibt sich ganz einfach und mühelos von selbst. Anrufe werden rechtzeitig erledigt. Briefe werden erhalten und beantwortet. Projekte tragen Früchte. Die anderen Menschen arbeiten mit. Alles geschieht zur rechten Zeit und gemäß der vollkommenen Göttlichen, richtigen Ordnung. Ich versichere, daß dies so ist. Meine Welt ist mächtig, und das, was ich versichere, und von dem ich glaube, daß es so ist, ist auch so. Und so ist es.

*Fange an,
Dir das,
was Du sagst,
anzuhören.
Sage nichts,
was zu hören
Du Dir nicht wünschst.*

Alles, was ich tue, entspricht meiner Wahl

Entferne den Ausdruck »*muß*« aus Deinem Wortschatz und aus Deinem Denken, dann wird eine Menge selbstauferlegten Druckes freigesetzt. Du kannst ungeheuren Druck schaffen, indem Du sagst: »*Ich muß aufstehen.*« »*Ich muß das tun.*« »*Ich muß, ich muß.*« Statt dessen solltest Du anfangen zu sagen: »*Ich entschließe mich...*« Es gibt Deinem Leben eine ganz andere Perspektive. Alles, was Du tust, hast Du Dir ausgesucht. Es sieht vielleicht nicht so aus, aber es ist so.

*Jeder von uns
entschließt sich,
sich zu bestimmten Zeiten
und an bestimmten Plätzen
auf diesem Planeten
zu inkarnieren.
Wir haben uns entschlossen
hierherzukommen,
um eine bestimmte
Lektion zu lernen,
die uns auf unserem
spirituellen, revolutionären Weg
weiterbringen wird.*

Laß den Geist der Liebe durch Dich hindurchfließen

Gehe in der Zeit zurück und erinnere Dich an das schönste Weihnachtsfest, das Du als Kind erlebt hast. Laß die Erinnerung in Deinem Geist aufsteigen und sieh es ganz klar vor Dir. Erinnere Dich an das, was Du gesehen, gerochen, geschmeckt und berührt hast, und an die Menschen, die anwesend waren. Was hast Du getan? Wenn Du als Kind nie ein wunderbares Weihnachtsfest erlebt haben solltest, dann erfinde eins. Stell es Dir genauso vor, wie Du es haben möchtest. Während Du an dieses Weihnachtsfest denkst, wirst Du bemerken, daß sich Dein Herz öffnet. Vielleicht war eins der wunderbarsten Dinge an dem bestimmten Weihnachtsfest die Liebe, die da war. Laß den Geist der Liebe jetzt durch Dich hindurchfließen. Bringe alle Menschen, die Du kennst und die Dir wichtig sind, in Dein Herz. Umgib sie mit dieser Liebe. Sei Dir bewußt, daß Du dieses besondere Gefühl der weihnachtlichen Liebe und des weihnachtlichen Geistes überall mit Dir herumtragen kannst und es immer haben kannst, nicht nur zu Weihnachten. Du bist Liebe. Du bist Geist. Du bist Licht. Du bist Energie. Und so ist es.

*Meditation
bedeutet eigentlich nur,
sich selbst soweit
zu beruhigen,
daß man mit
der eigenen inneren Weisheit
in Kontakt kommt.*

Ich folge meiner inneren Weisheit

Komme von dem wundervollen, anteilnehmenden Platz Deines eigenen Herzens. Ruhe in Deiner Mitte und liebe Dich, wie Du bist, und sei Dir bewußt, daß Du in Wirklichkeit ein Göttlicher, herrlicher Ausdruck des Lebens bist. Ganz egal, was da draußen passiert, Du bist in Deiner Mitte. Du hast ein Recht auf Deine Gefühle. Du hast ein Recht auf Deine Meinungen. Du bist einfach. Du arbeitest daran, Dich selbst zu lieben. Du arbeitest daran, Dein Herz zu öffnen. Du arbeitest daran, das zu tun, was für Dich gut ist, und daran, mit Deiner inneren Stimme in Kontakt zu kommen. Deine innere Weisheit weiß die Antworten für Dich. Manchmal mag es beängstigend sein, das zu tun, weil die Antwort, die Du innerlich bekommst, ganz anders ausfällt, als was Deine Freunde von Dir erwarten. Und doch weißt Du im Innern, was für Dich richtig ist. Und wenn Du dieser inneren Weisheit folgst, lebst Du mit Deinem eigenen Sein in Frieden. Unterstütze Dich darin, für Dich selbst die richtigen Entscheidungen zu treffen. Wenn Du im Zweifel bist, frage Dich: *»Komme ich von der liebenden Dimension meines Herzens? Ist diese Entscheidung eine liebevolle Entscheidung für mich? Ist das jetzt für mich richtig?«* Die Entscheidung, die Du zu einem späteren Zeitpunkt triffst, einen Tag, eine Woche oder einen Monat später, mag vielleicht nicht mehr die richtige Entscheidung sein, und dann kannst Du sie ändern. Frage Dich in jedem Augenblick: *»Ist das für mich richtig?«* und sage: *»Ich liebe mich, und ich treffe die richtige Wahl.«*

*Im Wassermann-Zeitalter
lernen wir,
nach innen zu gehen,
um unseren Heiland
zu finden.
Wir sind die Kraft,
nach der wir suchen.
Jeder einzelne von uns
ist gänzlich verbunden
mit dem Universum
und dem Leben.*

Diese Welt ist unser Himmel auf Erden

Ich sehe eine Gemeinschaft von spirituell ausgerichteten Seelen, die zusammenkommen, um zu teilen, zu wachsen und ihre Energien in die Welt hinauszusenden. Jeder einzelne von ihnen hat die Freiheit, seinen oder ihren Aktivitäten nachzugehen und sich einander zu nähern, um das Ziel jedes einzelnen besser erfüllen zu können. Ich sehe, wie wir geführt werden, um den neuen Himmel auf Erden mit anderen zu erschaffen, die denselben Wunsch haben, sich selbst und anderen zu beweisen, daß dies jetzt sein kann. Wir leben zusammen in Harmonie, Liebe und Frieden und drücken Gott in unsren Leben und unseren Lebensweisen aus. Wir gründen eine Welt, wo das Fördern des seelischen Wachstums die wichtigste Aktivität ist, wo dies die Arbeit des einzelnen ist. Es gibt reichlich Zeit und Gelegenheit für kreativen Ausdruck in allen Bereichen, die wir uns aussuchen. Es wird keine Anstrengung und keine Sorgen in bezug auf Geldverdienst geben. Alles, was wir benötigen, werden wir durch die Kräfte in uns ausdrücken können. Erziehung wird ein Prozeß des Sich-Erinnerns sein an das, was wir schon wissen, um dies ins Bewußtsein zu bringen. Es gibt keine Krankheiten, keine Armut, keine Verbrechen und keinen Betrug. Die Welt der Zukunft fängt jetzt an, hier an diesem Ort, mit uns allen. Und so ist es.

*Ich kann Dir
viele gute Ratschläge
und viele wunderbare,
neue Ideen geben,
aber Du hast
die Kontrolle.
Du kannst sie
annehmen oder auch nicht.
Du hast die Macht.*

Ich erhalte ständig unglaubliche Geschenke

Lerne Wohlstand anzunehmen, anstatt ihn auszutauschen. Wenn ein Freund Dir ein Geschenk macht oder Dich zum Mittagessen einlädt, mußt Du nicht sofort einen Gegendienst leisten. Gestatte der Person, Dir ein Geschenk zu machen. Nimm es mit Freuden und Vergnügen an. Du wirst dem Menschen vielleicht nie einen Gegendienst leisten. Du wirst vielleicht jemand anderem etwas geben. Wenn Dir jemand ein Geschenk gibt, das Du nicht gebrauchen kannst oder nicht willst, sage: *»Ich nehme es mit Freuden und Vergnügen und Dankbarkeit an«*, und gib es an jemand anderen weiter.

*Manche Dinge,
die wir glaubten,
waren nie wahr.
Es handelte sich
um die Ängste
von jemand anderem.
Gib Dir die Möglichkeit,
Deine Gedanken
zu untersuchen.
Ändere diejenigen,
die negativ sind.
Du bist es wert.*

Ich verdiene Gutes in meinem Leben

Manchmal, wenn unsere inneren Botschaften uns mitteilen, daß wir nicht das Recht haben, glücklich zu sein, oder wenn wir gute Dinge in unserem Leben erschaffen und jene frühen Botschaften noch nicht geändert haben, kann es sein, daß wir etwas tun, um unser Glück zu vereiteln. Wenn wir nicht glauben, daß wir Gutes verdienen, werden wir uns den Boden unter den Füßen wegziehen. Manchmal verletzen wir uns oder haben physische Probleme, wie einen Sturz oder einen Unfall. Wir müssen anfangen, daran zu glauben, daß wir alles Gute, was das Leben zu bieten hat, verdienen.

*Wir erlernen
unser Glaubenssystem
in frühester Kindheit.
Dann gehen wir durchs Leben
und erschaffen Erfahrungen,
die unserem Glauben
entsprechen.*

Ich verdiene Freude

Viele von Euch glauben, es zu verdienen, in einer Atmosphäre zu leben, die »nicht gut genug« ist. Fange damit an, Affirmationen zu machen, daß Du eine gute Atmosphäre wirklich verdienst und daß Du bereit bist, über die Begrenzungen Deiner Eltern und Deiner frühen Kindheit hinauszugehen. Schaue in den Spiegel und sage zu Dir: *»Ich verdiene alles Gute. Ich verdiene es, wohlhabend zu sein. Ich verdiene Freude. Ich verdiene Liebe.«* Öffne Deine Arme ganz weit und sage: *»Ich bin offen und aufnahmebereit. Ich bin wundervoll. Ich verdiene alles Gute. Ich nehme es an.«*

*Wut ist
ein Verteidigungsmechanismus.
Du verteidigst Dich,
weil Du Angst hast.*

*Ich lasse ohne Mühe von der Vergangenheit los
und vertraue dem Prozeß des Lebens*

Wut ist ein normaler und natürlicher Prozeß. Meistens werden wir immer wieder über dieselben Dinge wütend. Wenn Du wütend bist, hast Du das Gefühl, daß Du nicht das Recht hast, das auszudrücken. Also schluckst Du es hinunter. Hinuntergeschluckte Wut neigt dazu, sich in Deinem liebsten Körperteil festzusetzen und sich als Krankheit zu manifestieren. Jahr für Jahr steckst Du Deine Wut an denselben Platz. Laß Deine wahren Gefühle heraus, um heil zu werden. Wenn Du sie nicht direkt der betroffenen Person mitteilen kannst, geh zum Spiegel und sprich mit der jeweiligen Person. Sag ihr alles: »Ich bin sauer auf Dich.« »Ich habe Angst.« »Ich bin durcheinander.« »Du hast mich verletzt.« Mach so lange weiter, bis die Wut versiegt ist. Hol dann tief Luft und frage: *»Durch welches Muster wurde dies erschaffen?« »Was kann ich tun, um eine Veränderung herbeizuführen?«* Wenn Du das darin enthaltene Glaubensmuster, das dieses Verhalten hervorruft, verändern kannst, mußt Du es nicht mehr tun.

*Eines der schlimmsten Dinge,
die wir tun können, ist,
auf uns selbst wütend zu werden.
Wut macht uns nur noch mehr
in unseren Mustern gefangen.*

Ich bin frei, ich selbst zu sein

Verschlucke nicht Deine Wut. Damit läßt Du zu, daß sie sich in Deinem Körper festsetzt. Wenn Du Dich aufregst, laß es körperlich heraus. Es gibt mehrere Methoden, wie man Gefühle auf positive Weise freisetzt. Du kannst im Auto bei geschlossenen Fenstern schreien. Du kannst auf Dein Bett einschlagen oder auf Deinen Kissen herumtrampeln. Du kannst Lärm machen und alles sagen, was Du sagen willst. Du kannst in ein Kissen schreien. Du kannst laufen oder zum Beispiel Tennis spielen, um die Energie loszuwerden. Schlage mindestens einmal die Woche aufs Bett ein oder trampele auf Deinen Kissen herum, ganz egal, ob Du jetzt wütend bist oder nicht. Tue es, um die physischen Spannungen, die Du in Deinem Körper aufspeicherst, freizusetzen.

*Die Arbeit
an Dir selbst
ist kein Ziel,
sondern ein Prozeß,
ein lebenslanger Prozeß.
Genieße diesen Prozeß.*

Ich bin hier zur rechten Zeit

Wir sind alle auf einer unendlichen Reise durch die Ewigkeit, und die Zeit, die wir auf diesem Planeten des Wirkens verbringen, ist nur ein kurzer Moment. Wir haben uns diesen Planeten ausgesucht, um bestimmte Lektionen zu lernen und um an unserer spirituellen Entwicklung zu arbeiten, sowie um unsere Liebesfähigkeit zu steigern. Es gibt weder eine richtige Zeit noch eine falsche Zeit, um zu kommen oder zu gehen. Wir kommen immer in der Mitte des Filmes, und wir gehen immer in der Mitte des Filmes. Wir gehen, wenn unsere bestimmte Aufgabe erledigt ist. Wir kommen, um zu lernen, wie man sich selbst mehr liebt und wie man diese Liebe mit allen anderen teilt. Wir kommen, um unsere Herzen auf einer viel tieferen Ebene zu öffnen. Unsere Fähigkeit zu lieben ist das einzige, was wir mit uns nehmen, wenn wir gehen. Wenn Du heute gehen würdest, wieviel würdest Du mitnehmen?

*Wenn Du
von dort, wo Du wohnst,
wegziehen willst,
danke Deinem
gegenwärtigen Zuhause dafür,
daß es für Dich da ist.
Schätze es.
Sage nicht:
»Ach, ich hasse diesen Platz«,
denn dann wirst Du nichts finden,
was Du wirklich liebst.
Liebe den Ort,
an dem Du bist,
damit Du Dich
für einen neuen,
wunderbaren Ort
öffnen kannst.*

Mein Zuhause ist ein friedlicher Hafen

Schau Dir Dein Zuhause an. Ist das ein Ort, an dem Du wirklich gerne lebst? Ist er bequem und fröhlich, oder ist er vollgestellt und schmutzig und immer unordentlich? Wenn Du Dich nicht gut damit fühlst, wirst Du ihn nie genießen. Dein Zuhause ist ein Spiegelbild von Dir selbst. In was für einem Zustand ist es? Geh und räume Deine Schränke und Deinen Eisschrank aus. Nimm alle Sachen in den Schränken heraus, die Du seit einiger Zeit nicht mehr getragen hast, und verkaufe sie, verschenke sie oder verbrenne sie. Trenne Dich davon, damit Du Platz für etwas Neues schaffen kannst. Während Du davon losläßt, sage: »*Ich räume die Schränke meines Geistes auf.*« Tue dasselbe mit Deinem Eisschrank. Räume alle Nahrungsmittel und Reste aus, die schon eine Weile dort waren. Menschen, die unordentliche Schränke und unordentliche Eisschränke haben, haben einen unordentlichen Geist. Mache Dein Zuhause zu einem wunderbaren Platz zum Leben.

*Wenn Du
folgendes glaubst:
»Jeder ist immer hilfsbereit«,
wirst Du die Erfahrung machen,
daß, wo auch immer Du
hingehst im Leben,
Menschen da sind,
die Dir helfen werden.*

Jeder Mensch ist ein Teil des harmonischen Ganzen

Wir sind alle eine göttliche Idee, die sich durch den Einen Geist auf harmonische Weise ausdrückt. Wir sind zusammengekommen, weil es etwas gibt, was wir voneinander lernen müssen. Es hat einen Sinn, daß wir zusammen sind. Es ist nicht nötig, diesen Sinn zu bekämpfen oder sich gegenseitig für das, was geschieht, zu beschuldigen. Man kann ruhig daran arbeiten, sich selbst zu lieben, so daß wir aus dieser Erfahrung Nutzen ziehen und wachsen mögen. Wir entscheiden uns zusammenzuarbeiten, um Harmonie in das betreffende Unternehmen und in jeden Bereich unseres Lebens zu bringen. Alles, was wir tun, basiert auf der einen Wahrheit, der Wahrheit unseres Wesens und der Wahrheit des Lebens. Göttliches, richtiges Handeln führt uns in jedem Augenblick des Tages. Wir sagen das richtige Wort zur richtigen Zeit und folgen zu allen Zeiten der richtigen Handlungsweise. Jeder Mensch ist Teil des harmonischen Ganzen. Es gibt ein göttliches Verschmelzen von Energie, während Menschen freudig zusammenarbeiten, sich gegenseitig auf eine Art, die erfüllend und produktiv ist, unterstützen und ermutigen. Wir sind in jedem Bereich unserer Arbeit und unseres Lebens erfolgreich. Wir sind gesund, glücklich, liebevoll, freudig, ehrerbietig, unterstützend, produktiv und in Frieden mit uns selbst und mit anderen. Diese spirituelle Umgangsweise wird liebevoll in den Universellen Geist entlassen. Dieser macht die Arbeit und manifestiert sie in unserem Leben. So sei es und so ist es. Es ist getan!

THOMAS SCHÄFER
Was die Seele krank macht und was sie heilt

Thomas Schäfer bringt die Erkenntnisse des bekannten Psychotherapeuten Bert Hellinger auf den Punkt: Die Familie ist das zentrale soziale System und der Verursacher von Freud und Leid. Durch Hellingers Therapie können krank machende Dynamiken gelöst werden.

BERND FREDERICH
Wenn Partnerschaft krank macht

Die Ursachen von Krankheiten liegen oft innerhalb von Beziehungen und Familien. Anhand von zahlreichen Fallbeispielen zeigt der Autor, wie vorhandene Muster erkannt und Wahrnehmungs- und Verhaltensänderungen herbeigeführt werden können.

EDWARD BACH / JENS-ERIK PETERSEN
Heile dich selbst mit den Bach-Blüten

Nach dem Verfahren von Dr. Bach werden primär seelische Zustände wie Unzufriedenheit, Groll, Aufregung, Angst, Besorgnis etc. behandelt. Hierzu leitet das vorliegende Buch mit seinen ausführlichen Beschreibungen der Qualitäten der 39 Bachblüten an.

ERICH BALLINGER
Lerngymnastik für Kinder

Bereits im Kindergartenalter angewandt, zielen diese Übungen darauf ab, Lernschwierigkeiten durch die Zusammenschaltung der rechten und der linken Gehirnhälfte gar nicht erst aufkommen zu lassen.